L'accroche narrative, un entraînement pour l'intelligence émotionnelle

Paula G. Eleta

Juan Moisés de la Serna

Traducteur Erica Brusco

Tektime Editore

2021

"L'accroche narrative, un entraînement pour l'intelligence émotionnelle"

Écrit par Paula G. Eleta e Juan Moisés de la Serna

1ère édition: Juin 2021

© Paula G. Eleta, 2021

Traducteur Erica Brusco

© Tektime Edizioni, 2021

Distribué par Tektime

https://www.traduzionelibri.it

Index

Prologue

Au fil des siècles, les histoires racontées ont accompagné la vie de femmes et d'hommes du monde entier, les aidant à faire face aux difficultés et aux peurs, dès les premières années de leur vie, quelle que soit leur origine sociale, culturelle ou ethnique. En fait, le récit représente un élément générateur dans la société et la socialité.

Raconter des histoires est donc un support important non seulement pour la construction de l'identité personnelle mais aussi de l'identité culturelle. En outre, les histoires offrent une variété de significations pour faire face à la vie qui aide les gens à détourner le regard de la peur.

Cela arrive parce que, lorsque nous articulons un discours narratif, nous mettons en œuvre d'importants mécanismes de réflexion : dans de nombreuses situations, il s'agit de comparer nos pensées, afin de les exprimer adéquatement sur des aspects auxquels nous n'avons peut-être pas pensé. Dans les chapitres suivants, on va poursuivre comment et pourquoi lier la narration[1] au développement de l'intelligence émotionnelle.

---

[1] Afin de signifier Storytelling, différents synonymes sont utilisés tels que « mise en récit » ou « accroche narrative » et « narration », en particulier le terme « narration » sera utilisé pour simplifier la lecture.

De plus, nous voulons valoriser la narration en tant qu'activité amusante et en même temps un outil intéressant dans les domaines de la communication, de l'éducation, de la formation et de la thérapie. En fait, elle représente aussi une méthodologie qui encadre les émotions, les événements et/ou les fantaisies et les explique selon une logique de sens.

La narration facilite la participation, dans un sens inclusif, à travers l'expérimentation de multiples langages expressifs qui nous permettent d'appréhender les connaissances, les compétences et les besoins individuels et collectifs des enfants et des jeunes et des adultes par contraste et diversité.

Un aspect vraiment intéressant de cette méthodologie qu'on veut souligner est son utilité dans les contextes scolaires pour encourager une participation critique et active à la communication, permettant aux étudiants de réfléchir, de penser, dans une atmosphère stimulante qui leur permet d'expérimenter leur propre façon d'agir. par rapport aux contenus à apprendre.

Fondamentalement, dans ce volume, on va souligner l'importance de rendre le temps et l'espace au récit, car il représente un moyen efficace pour les humains d'exprimer leurs émotions. Pour ses caractéristiques, la narration peut se faire en personne et/ou à distance mais elle ne s'improvise pas, en effet il est indispensable de la programmer avec méthode, compétence et dévouement.

Enfin, on veut aussi souligner que ce texte, à caractère populaire, représente le premier d'une série de publications qui approfondiront la question et les différents domaines d'application.

Remarque sur les Auteurs

Paula G. Eleta

Paula est née à Buenos Aires, en Argentine, et habite en Italie depuis 1990.

Elle est diplômée en sociologie de l'Université de Buenos Aires, Facultad de Sociología et a obtenu un doctorat en sociologie et politiques sociales de l'Université de Bologne, Département de sociologie.

Depuis plus de 15 ans, elle s'occupe de la formation, du conseil, de la conception et la gestion d'interventions éducatives complexes et innovantes. Elle est professeure d'université et collabore également avec diverses institutions et groupes des secteurs public et privé et du troisième secteur (en Italie et à l'étranger) également en tant que planificatrice sociale.

Parmi les thématiques qu'elle traite, interculturalité/processus inclusifs, utilisation de langages expressifs alternatifs dans l'éducation et la formation (notamment marionnettes et contes), construction de réseaux collaboratifs (école - famille - communauté), gestion des processus participatifs, continuité pédagogique et BES.

Elle a été invitée en Italie et à l'étranger pour tenir des conférences, des séminaires et des discours et a publié en Italie et à l'étranger. A ce jour, il compte 14 articles publiés dans de grands magazines (éducation, culture, protection sociale) et 6 livres publiés dans différentes langues.

Pour plus d'informations sur l'auteur : www.raconte.it

Juan Moisés de la Serna

Juan est docteur en psychologie et titulaire d'une maîtrise en neurosciences et en biologie comportementale. Professeur d'université.

Aujourd'hui, ses recherches se concentrent sur les facteurs potentiels affectant le COVID-19 et les complications psychologiques et neurologiques à court et à long terme après une infection par le SARS-CoV-2 chez l'homme.

Selon researchgate.net, il était l'auteur le plus lu en Espagne en 2020.

Communicateur scientifique avec plus d'une trentaine de livres publiés sur des sujets de psychologie et de neurosciences, y compris des sujets AD ; PS ; TORCHE; TDAH ; EQ; MSD; Hiq. Auteur en 2020 des ouvrages suivants : Aspects psychologiques au temps de la pandémie ; Les travailleurs de la santé en temps de pandémie. Un point de vue psychologique.

« L'accroche narrative, un entraînement pour l'intelligence émotionnelle »

Chapitre 1. La narration

La narration est une pratique ancienne de l'humanité. Elle représente un élément générateur dans la société et la socialité.

Au fil des siècles, les histoires racontées ont accompagné la vie de femmes et d'hommes du monde entier, les aidant à faire face aux difficultés et aux peurs, dès les premières années de leur vie. Selon une recherche récente, ce sont les histoires qui font de nous des humains, puisque le langage a évolué principalement pour permettre l'échange d'"informations sociales"[2].

Il existe de nombreux exemples que l'on peut retracer à travers l'histoire, dans lesquels les plus grands sages et érudits étaient aussi de grands conteurs : ceux qu'on appellerait aujourd'hui des "communicateurs". En d'autres termes, en tant qu'êtres humains, on se développe socialement à travers des histoires, qui façonnent notre cerveau et nous aident à mieux intégrer les informations de l'extérieur.

Dans de nombreuses recherches, il a été observé que

---

[2] Barrett, L., Dunbar, R., & Lycett, J. (2002). Human evolutionary psychology. Princeton University.

les enfants ont une préférence pour le visage humain par rapport à tout autre objet qui leur apparaît. Observer le visage sert non seulement à identifier la personne mais aussi à reconnaître ses émotions, car à travers les différentes expressions faciales, nous sommes capables d'interpréter ce qu'elle ressent à ce moment-là.

Le développement de la langue se produit plus tard, avec la croissance des structures grammaticales de la langue elle-même et l'apprentissage est favorisé par des récits courts. Les premières histoires ont une structure simple qui nous aide à mûrir les idées et les émotions, ainsi qu'à accepter la notion de temps, c'est-à-dire à comprendre que certaines choses se produisent avant et d'autres après.

Les premières approches de la connaissance nous accompagnent toute notre vie et les grands orateurs et bons pédagogues restent gravés dans notre mémoire. Leurs histoires, réelles ou fictives, guident de nouvelles découvertes, de nouvelles émotions... qui progressent précisément aussi loin que l'orateur veut aller.

La narration a toujours été associée à un temps et un espace particulier, qui ont fait de l'acte narratif un moment privilégié capable de nous aider à donner des réponses à beaucoup de nos questions, ainsi qu'à donner un sens à notre existence.

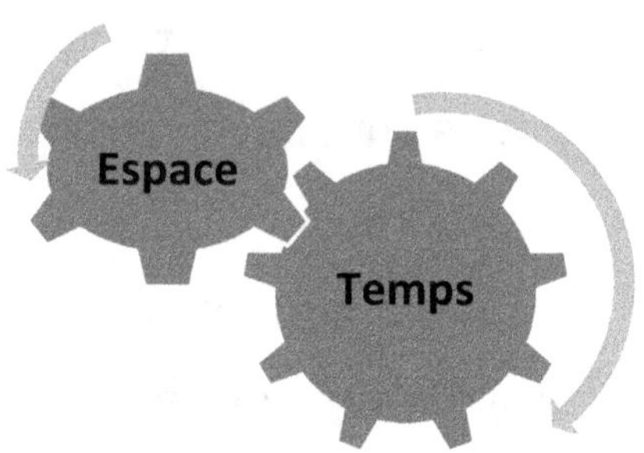

Aujourd'hui, nos vies sont marquées par la précipitation et la vitesse. Stephen Bertman (Cfr. Bertman, 1998) pour expliquer notre mode de vie, a forgé les expressions « culture du présent » et « culture de la hâte ». De telles expressions aident à comprendre la nature de la condition humaine dans la « modernité liquide », où le sens du temps est renégocié (Cfr. Bauman, 2002).

Sans entrer dans ce thème passionnant, nous voulons nous limiter à indiquer qu'aujourd'hui le temps libre est «insaisissable » et que l'espace de partage et d'écoute de l'autre se réduit de plus en plus.

Cependant, il est toujours temps pour une bonne histoire ! La narration continue de nous offrir des moments de grande émotion, nous enchante et nous permet de ralentir. C'est un moment « spécial » où se créent des liens entre l'ordinaire et l'exceptionnel, entre réalité et fantaisie.

En fait, on raconte tous des histoires (individuellement ou collectivement) et avec elles nous nous racontons, certaines mieux et d'autres moins bien. Nous décrivons/racontons notre vie, nos émotions et aussi ce que nous aimerions faire, être ou devenir.

On raconte tout ça autour du feu, devant le ciel étoilé, dans le noir, dans la voiture, dans la classe. On fait ça vis-à-vis, verbalement, par écrit, à travers des images ; sur les réseaux sociaux, sur le web (live, différé, etc). On utilise Instagram, FB, Linked-In, Tik-tok, YouTube, des sites de rencontre, etc.

Sur la base de ce qui a été dit, il convient de noter qu'on veut souligner ici l'importance de rendre le temps et l'espace au récit, car il représente un moyen efficace pour les hommes d'exprimer leurs émotions.

En fin de compte, le discours qu'on transmet est toujours plein d'émotions. En d'autres termes, on aime, désire, déteste ou on est indifférents aux situations ou aux personnes et c'est pourquoi on s'exprime, transformant ainsi le discours en quelque chose de plus qu'une simple description des faits, l'enrichissant et lui donnant "couleur" et contenu émotionnel.

Ce sont ces dialogues externes et « internes » qui déterminent en grande partie notre motivation, c'est-à-dire le moteur qui nous conduira à agir d'une certaine manière, à obtenir ce que nous aimons ou à nous éloigner de ce que nous n'aimons pas, et tout sur la base de ce que nous « nous disons ». Par exemple, si notre récit est négatif sur nos capacités, de type dépressif, malgré les bonnes « intentions » d'atteindre un but, nous n'essaierons même pas.

D'autre part, les histoires offrent une variété de significations pour faire face à la vie, capables d'aider les gens à détourner le regard de la peur. En effet, le temps et l'espace narratif peuvent offrir aux individus de nouvelles opportunités d'expression de soi, de rencontre avec l'autre, d'ouverture au nouveau, où les préjugés peuvent être atténués et les conflits/incompréhensions peuvent être résolus.

L'intelligence émotionnelle donne à la personne la possibilité de changer son discours intérieur sur ce qui s'est passé, ce qui se passe ou ce qui se passe, d'une manière qui nous permet d'accepter plus facilement les situations qui se produisent, surtout lorsque le résultat ne dépend pas de nous.

Comme on le soulignera plus loin, une personne avec une intelligence émotionnelle développée pourra surmonter plus facilement les traumatismes vécus, également grâce à l'utilisation de la thérapie, qui peut agir en modifiant le dialogue "interne" par rapport aux événements survenus, (situations qui ont mis la personne en danger) et qui peuvent affecter de manière significative sa vie. Grâce à cette restructuration du discours interne, la personne peut mener une vie « plus normale », surmonter des situations traumatisantes.

Cela arrive parce que lorsqu'on articule un discours narratif, on met en place d'importants mécanismes de réflexion, puisqu'il s'agit dans de nombreuses situations de comparer nos pensées, afin de les exprimer adéquatement sur des aspects auxquels nous n'avons peut-être pas pensé.

Par exemple, si quelqu'un nous demande quelle est notre position sur le conflit arabo-israélien, jusque-là nous n'avons peut-être pas pris la peine d'y réfléchir, ou nous n'avons peut-être pas de position claire.

Cependant, lorsque nous répondons, nous prenons position et cette réponse déterminera par la suite les décisions futures à cet égard, car la plupart du temps nous préférons conserver une certaine cohérence interne. Donc, si nous avons dit que nous sommes d'accord avec la politique d'Israël dans le cas des colonies, nous applaudissons probablement les efforts de paix qui ont lieu à cet égard ; au contraire, si nous croyons que la cause de la Palestine a une base historique, nous soutiendrons les mouvements qui cherchent à libérer les Palestiniens de l'occupation. Tout dépend, en partie, d'une décision à un moment donné générée par un récit interne qui dirigera notre comportement futur.

En fait, la narration est un moyen par lequel nous essayons de mettre de l'ordre et de donner un sens à nos pensées, nos expériences quotidiennes, nos histoires et nos souvenirs.

Il est désormais clair que la narration n'est pas la compétence exclusive des écrivains professionnels (romans, historiens, journalistes). Il existe de nombreuses manières narratives de dépeindre des événements réels ou fictifs, à travers des métaphores, des mots, des images, des sons, des chansons. Cette activité se reflète non seulement dans de nombreux témoignages humains anciens, mais aussi dans la communication quotidienne d'aujourd'hui.

Par ailleurs, il est à noter que face à des situations

incertaines et inattendues, les histoires peuvent offrir de l'espoir, donner du sens aux événements ou simplement éveiller la curiosité. Comme le dit Storr, les narrateurs « créent des moments de changement inattendu qui captent l'attention de leurs personnages et, par conséquent, celle du lecteur et du spectateur ». « Les hommes ont une soif insatiable de connaissances. Les conteurs savent exploiter précisément ces instincts en créant des mondes, mais en prenant soin de révéler au lecteur ce qu'il y a à savoir". (Storr, 2020, p. 3 et p. 7).

L'intérêt pour l'histoire de quelqu'un d'autre peut augmenter, surtout en période de changement dans nos vies. Puisque la narration se nourrit de capital narratif, d'expériences personnelles et de groupe et, par conséquent, elle représente un outil valable pour construire des espaces transformateurs et aussi une communication efficace, pleine de sens, d'émotions et d'imagination !

Jusqu'à présent, on a parlé d'"émotion" mais on n'a pas encore défini ce qu'on entend par ce concept. Dans le prochain chapitre, ses caractéristiques seront décrites et on expliquera pourquoi il est si important de donner de l'espace aux émotions.

RÉFÉRENCES BIBLIOGRAPHIQUES

Bauman, Z. (2002). Modernità liquida. Laterza: Roma.

Barrett, L., Dunbar, R., & Lycett, J. (2002). Human evolutionary psychology. Princeton University

Bettelheim, B. (2003). Il mondo incantato. Uso, importanza e significati psicoanalitici delle fiabe. Milano: Feltrinelli.

Bruner, J. (1988). La mente a più dimensioni. Roma: Laterza.

Bertman, S. (1998). Hyperculture. The Human Cost of Speed. Westport, Conn: Praeger.

Bondioli, A. (2000). Gioco e educazione. Milano: Franco Angeli.

Eleta, P.G. e Henderson, P. (2013). Young Watson And The Warrior's Sword. Ed. Amazon - Kindle Edition e in versione cartacea: Milano.

Fabbroni, F. e Faeti, A. (1983). Il lettore ostinato. Firenze: La Nuova Italia.

Levorato, M.C. (2000). Le emozioni della lettura. Bologna: Il Mulino.

Merletti, V.R. (1998). Raccontar storie. Milano: Mondadori

Mingoia, E. (1997). Nel mondo delle fiabe. Roma: Nuova Era.

Smorti, A. (1994). Il pensiero narrativo. Costruzione di storie e sviluppo della persona. Firenze: Giunti.

Storr, W. (2019). The science of storytelling. William Collins: London U.K.

Chapitre 2. Les Émotions

Qu'il s'agisse d'événements réels ou imaginaires, l'histoire a toujours une forte composante émotionnelle qui peut être positive, négative ou les deux. Lorsque l'on raconte une histoire, on active une série d'émotions qui sont liées à la fois à nous-mêmes (dans une fonction réflexive) et au contexte de référence.

Les émotions font partie de la vie. Même si parfois on ne prend pas conscience de ça, elles sont présentes dans chacune de nos actions et dans les décisions qu'on prend, il est donc important de les comprendre.

A partir du moment où on se lève le matin, les émotions sont activées pour qu'on se rende compte de ce que chacun ressent et voit autour de nous. Un mauvais rêve, une douleur constante en essayant de dormir ou une inquiétude qui ne nous a pas permis de dormir un clin d'œil toute la nuit suffisent à nous mettre de mauvaise humeur. Avec cette attitude il est difficile de passer une bonne journée, il semble que tout nous dérange, une phrase prononcée par quelqu'un ou un simple regard peut nous faire « sursauter » ou montrer notre colère ou notre malaise de la pire des manières.

Mais quand on se réveille après une nuit tranquille,

dans un endroit de rêve, pendant les vacances, en compagnie de la personne qu'on aime, tout devient rose, il nous semble que le monde s'arrête et devient plus paisible. On attribuera tout inconvénient possible à des causes passagères et sans importance, on distribuera des sourires et des mots gentils « gauche et droite », et peu importe si d'autres nous ont fait quelque chose ou non.

Les émotions ne sont pas seulement celles qui sont ressenties et exprimées de l'intérieur, elles sont aussi ce qu'on est capables de percevoir chez les autres. On vit dans un monde éminemment social et c'est pourquoi notre développement affectif est important, aussi pour pouvoir identifier une expression de désapprobation, un regard malicieux ou un sourire sincère.

Il existe de nombreux indices qui nous aident à comprendre ce qui se passe autour de nous et l'une des composantes principales est le langage, verbal/para-verbal et non verbal. Concernant le premier, il aide à comprendre l'autre, non seulement par le contenu de ce qui est dit (« Je t'aime ! », « Je ne veux plus te voir ! ») mais par le volume de la voix (chuchotement, criant) et le ton avec lequel il est dit (sincèrement, avec sarcasme).

Le langage non verbal s'exprime à travers la distance

qui est maintenue par rapport à l'autre personne (près, loin), la position du corps (par exemple, penché en avant ou en arrière) et la gesticulation, les deux mains (par exemple avec le poing fermé dans un geste menaçant ou avec la main tendue, l'offrant) et du visage (par exemple, lever ou froncer les sourcils, ouvrir et fermer beaucoup la bouche). Le visage est la meilleure carte de visite.

Le visage et son mimétisme sont des éléments importants qui servent à la fois à exprimer les émotions et à les identifier chez l'autre. En fait, les bébés accordent plus d'attention aux visages qu'à tout autre stimulus, on peut donc dire que nous sommes prédisposés à analyser les expressions.

Que se passe-t-il lorsqu'on raconte ?

Lorsqu'on raconte nos émotions, elles se manifestent de plusieurs manières qui déterminent à la fois l'ensemble du discours et la manière dont nous nous exprimons (communication verbale et non verbale).

Comme nous l'avons déjà anticipé, la communication verbale/para-verbale renvoie au contenu du discours, aux mots utilisés, à ses significations et à sa structure, la prosodie ; tandis que la communication non verbale concerne d'autres éléments qu'on utilise pour renforcer, souligner ou clarifier notre message tels que faire des gestes avec nos mains, bouger notre corps d'une manière particulière, etc.

Cependant, en communication, comme nous venons de le souligner, les expressions faciales sont les plus importantes. Le visage compte plus d'une trentaine de muscles, qui sont contrôlés par des nerfs crâniens tels que le visage, l'oculomoteur, la trochlée ou le trijumeau, dont le cerveau reçoit les informations proprioceptives nécessaires pour identifier les émotions tout en activant la musculature apte à les exprimer. Bien que certains modèles récurrents d'expression des émotions aient été identifiés, ils semblent véhiculer un degré élevé d'apprentissage social.

Selon des études interculturelles, selon la région du monde dans laquelle vous vous trouvez, la même émotion peut s'exprimer d'une manière ou d'une autre. Néanmoins, presque tout le monde est capable de reconnaître ces caractéristiques :

- Fermeture des sourcils recourbés et relevés, peau tendue sous les yeux, rides horizontales sur le front, paupières et mâchoire ouvertes, devant une surprise.

- Sourcils fermés et contractés, rides au centre du front, paupière supérieure ouverte, bouche et lèvres ouvertes ou étirées, par peur.

- Lèvre supérieure relevée, joues relevées, sourcils baissés, nez ridé, par dégoût.

- Sourcils baissés et contractés sur eux-mêmes, paupière inférieure tendue, lèvres resserrées, lignes verticales entre les sourcils, pour la colère.

- Coins de la bouche relevés et repoussés, joues relevées, rides sous la paupière inférieure, rides « pattes d'oie », sillon nasogénien, pour le bonheur.

- Yeux relevés, commissures des lèvres vers le bas, commissures des paupières supérieures relevées, dans la tristesse.

Partant de l'idée de base que les membres d'une même société partagent des caractéristiques clairement identifiables concernant la manière dont ils expriment leurs émotions sur le visage, une série de techniques ont été développées qui automatisent le processus, permettant d'identifier toute émotion simplement en observant une image du visage d'une personne. Ces techniques ont été appelées "techniques de reconnaissance automatique des émotions".

Reconnaître les émotions sur le visage des autres est

une compétence qui se modèle chez le nouveau-né dès les premiers instants de la vie, grâce à sa capacité innée à imiter. Mais c'est une compétence qui, loin de rester stable dans le temps, diminue progressivement avec l'âge, ou du moins c'est ce qu'a montré une recherche publiée par la revue scientifique *Science Psychologique*, réalisée en Allemagne par l'Institut pour le Développement Humain Max Planck (Havas et Matheson, 2013). L'étude commence par une vérification des résultats obtenus précédemment, selon lesquels il a été observé que les hommes ont plus de difficulté que les femmes à reconnaître les émotions de l'autre, nécessitant plus de temps d'exposition au visage qui exprime l'émotion à identifier, avant pouvoir donner une réponse correcte.

Les résultats précédents montrent également que les personnes âgées ont plus de difficultés que les plus jeunes à analyser les émotions de leurs pairs. La nouvelle étude a été réalisée sur une centaine de couples répartis en deux tranches d'âge, entre vingt et trente ans (groupe des jeunes) et entre soixante-dix et quatre-vingts ans (groupe des personnes âgées) et a consisté à observer comment les sujets se comportent et s'ils sont capables d'identifier les émotions de leur partenaire. Les deux groupes ont obtenu des résultats similaires.

Cette amélioration apparente dans le groupe des personnes âgées, qui obtenaient normalement de moins bons résultats, s'explique par l'expérience accumulée auparavant au cours d'une vie passée ensemble, qui permet d'utiliser d'autres signaux, en plus de l'expression faciale, pour comprendre ce que l'autre personne. entend.

Dans le champ de l'étude des caractéristiques identificatrices des émotions, des techniques de recherche ont été développées à partir de modèles récurrents dans l'usage de la voix, à travers lesquels il a été montré comment, lorsque certaines émotions telles que le stress sont suscitées, la production "distorsions". L'analyse de ces distorsions permet d'élargir et d'enrichir l'étude sur les expressions faciales.

Telle est l'importance de l'expression non verbale, en particulier celle du visage, que lorsque quelque chose nous empêche d'assumer une expression correcte, les autres nous perçoivent comme des personnes plus froides et plus distantes. C'est le cas de ceux qui ont souffert d'une paralysie totale ou partielle des muscles du visage, par exemple à la suite d'un accident vasculaire cérébral ou d'une attaque vasculaire cérébrale, mais que se passe-t-il lorsque l'on paralyse volontairement les muscles du visage avec du Botox pour paraître plus jeune?

Le Botox est en vogue, comme on peut le déduire du nombre croissant de personnes qui l'utilisent. Chaque jour augmente le nombre de traitements médicaux effectués à la recherche de l'image tant désirée, obtenus grâce à la chirurgie ou aux injections de Botox (la toxine du Botox), avec la ferme conviction que se voir plus jeune et avec une meilleure présence devant les autres va te rendre plus heureux.

Dans le domaine psychologique, il y a eu une controverse concernant le monde des émotions depuis quelques années, en essayant de distinguer ce qui vient en premier, que ce soit la réponse physiologique de l'émotion ou la sensation qu'elle provoque. Certains auteurs soutiennent que le corps exprime une émotion, puis la personne la prend et lui donne un nom, de sorte que les émotions coulent de l'extérieur vers l'intérieur. La position contraire affirme que les émotions proviennent de l'intérieur et sont reflétées par l'organisme, c'est-à-dire qu'elles vont de l'intérieur vers l'extérieur.

Les premiers, qui défendent le modèle de l'extérieur vers l'intérieur, nous invitent à réaliser des exercices pour exprimer consciemment les émotions qu'on « veut ressentir », afin que si on veut être heureux, il est suffisant de sourire toute la journée et les muscles s'en chargeront. faire comprendre au cerveau l'expérience de la joie.

Les auteurs qui défendent le modèle de l'intérieur pensent qu'on ne peut pas exprimer ce que l'on ne ressent pas, donc ils considèrent l'organisme comme le reflet de notre intérieur. Grâce à cette seconde contribution, il a été possible de réaliser des études de détection des émotions basées sur les traits somatiques et comportementaux de la personne, à l'aide de questionnaires comme le Système de codage d'action faciale (FACS), mais une fois cette distinction connue, elle devient possible pour répondre à la question de savoir si l'utilisation du Botox apporte un plus grand bonheur.

En principe, le Botox répond au besoin de présenter une meilleure image, avec la possibilité d'obtenir des bénéfices secondaires tels que l'acceptation sociale, l'obtention d'un emploi si vous travaillez au contact du public, etc. À cet égard, une étude menée par l'Université du Wisconsin nous informe des effets indésirables du Botox. Il ne s'agit pas d'une étude médicale mais psychologique, publiée dans la revue scientifique Sciences Psychologiques.

L'étude a analysé le niveau d'empathie manifesté par

les personnes qui avaient reçu du Botox, par rapport à d'autres qui ne l'avaient pas utilisé. La tâche consistait à lire un texte chargé d'émotion, à la fin duquel le sujet devait dire le plus rapidement possible quelle était l'émotion contenue dans le texte.

Pour l'expérience, des textes ont été utilisés qui expriment trois types d'émotions : la joie, la tristesse et la colère. Si le Botox (le seul facteur de différenciation entre les deux groupes étudiés) n'avait pas eu de poids sur les émotions, aucune différence dans les résultats n'aurait été trouvée. L'article cité nous informe qu'il existe une différence notable lors de l'identification des "émotions négatives" de colère et de tristesse, alors qu'il n'y a pas de différence dans le cas de la joie. Qu'est-ce que cela veut dire exactement ?

Compte tenu du fait que le Botox est injecté dans les zones d'expression des « émotions négatives », qui sont alors celles qui provoquent ces signes au travers de ces sillons caractéristiques, il est compréhensible et certainement pas inattendu, si l'on s'en tient à la théorie de émotions qu'elles vont de l'extérieur vers l'intérieur, qu'on ne peut pas entendre ce qui ne peut être exprimé. C'est-à-dire que le Botox vous empêcherait de « ressentir » les « émotions négatives » avec la même intensité. Mais qu'est-ce qui nous fait comprendre que la lecture d'un texte doit provoquer une émotion ?

C'est un phénomène appelé « cognition incarnée ». Afin d'identifier les émotions d'un autre, ou dans un texte comme dans ce cas, nous utilisons des micro-expressions faciales qui facilitent l'empathie. Quand on lit la description d'émotions comme la joie, la colère ou la tristesse, sans forcément s'en apercevoir on imite les gestes faciaux correspondants, ce qui permet de mieux comprendre de quelle émotion il s'agit.

Les émotions sont alors transmises par nos gestes, par nos diverses manifestations... surtout quand on raconte des histoires. En fait, la narration est un outil humain naturel pour exprimer des sentiments et des pensées et sert à construire des espaces de communication efficaces ; il comprend, en plus des émotions, de nombreux autres aspects communicatifs tels que le contenu, l'intentionnalité, et est évidemment plein de gestes et d'expressivité, pour lesquels les micro-expressions faciales susmentionnées qui reflètent souvent des affiliations socioculturelles et qui facilitent l'empathie entrent également en jeu.

Par exemple, le dicton napolitain "Vuttamme e mmane" (Levons les mains) est utilisé pour dire se dépêcher, avancer, avec une valeur impérative. En fait, un Napolitain aurait vraiment du mal à ne pas utiliser ses mains pour raconter une histoire. Beaucoup de gestes que l'on utilise dans notre vie quotidienne s'inscrivent dans une culture de référence spécifique et qualifient par conséquent le temps et l'espace de la narration.

De plus, les émotions sont le point de départ de toute connaissance et grâce à la narration, nous pouvons simuler et imaginer de nouvelles façons de résoudre un problème ou de modifier certains comportements.

Jusqu'à présent, on a traité les émotions comme quelque chose d'extérieur, quelque chose de motivé par les cinq sens : la vue, l'odorat, le goût, le toucher et l'ouïe. Cependant, on doit également considérer le fait qu'il y a d'autres émotions qui surgissent de nous, qui sont aussi étroitement liées à la culture dans laquelle on grandit, comme le sentiment de culpabilité, une émotion dont on est conscient, qui émerge lorsque l'on sait avoir fait quelque chose de « mal » ou de ne pas avoir fait ce qui est « dû » : il surgit donc comme un sentiment de responsabilité pour des actions ou des omissions. Pour que ce sentiment émerge, il faut dans un premier temps qu'il y ait des bases morales, ou du moins la prise de conscience que ce que vous faites ne correspond pas aux attentes ou que l'inaction n'est pas souhaitable. On pense actuellement que la culpabilité, comme la douleur, peut avoir des connotations à la fois positives et négatives.

La douleur a pour tâche d'avertir que quelque chose dans le corps ne fonctionne pas correctement et qu'il faut y remédier pour résoudre la situation. Il s'agirait d'une douleur « positive », qui devient « négative » lorsque cette même douleur persiste dans le temps même après que des mesures aient été prises pour résoudre le problème. Eh bien, exactement la même chose se produit avec la culpabilité. Ceci est déclenché lorsqu'on a fait quelque chose qu'on sait être incorrect sur la base de nos principes moraux, ou lorsqu' on n'a pas fait quelque chose qu'on aurait dû faire. Si cela nous amène à réfléchir sur les raisons de notre erreur et à remédier à l'erreur elle-même dans la mesure de nos possibilités, avec l'intention de ne plus commettre d'erreurs maintenant que la leçon a été « apprise », ce serait un sentiment positif de culpabilité, car cela nous aiderait à réfléchir et à grandir en tant que personnes en apprenant de nos erreurs. L'aspect négatif survient lorsque ce sentiment de culpabilité perdure trop longtemps, même lorsque ce qui l'avait généré a déjà été remédié, et devient ainsi une épreuve pour la personne qui en souffre, qui se sentira mal avec elle-même à cause de cela, il ne peut pas oublier. Ceux qui ont ces sentiments de culpabilité ankylosés, qui font désormais partie de leur façon d'être, pourraient souffrir de nombreux problèmes de santé liés à une tension continue dans le temps, comme des maux de tête ou d'estomac, une oppression thoracique et une sensation de lourdeur au niveau des épaules. De plus, on aura tendance à avoir une façon de penser assez extrémiste, divisant les choses en noir ou blanc, bon ou mauvais, sans percevoir les nuances données par les circonstances, avec des pensées intrusives de désapprobation et d'agression envers elle-même. Cependant, lorsqu'il s'agit de sentiments négatifs de culpabilité, on peut distinguer trois manières différentes :

- Quand on se blâme pour « tout le mal du monde », que cela nous concerne ou non. Cette condition repose sur le locus de contrôle interne : à cause de cela on se croit responsables des conséquences de tout ce qui se passe autour de nous, alors qu'en réalité très souvent le résultat ne dépend pas de ce que nous ferons ou ne ferons pas mais de l'intervention d'autres personnes.

- Lorsque l'on attribue la responsabilité de tout ce qui

nous concerne aux autres, et que on ne s'assume aucune responsabilité quant à la façon dont nous agissons ou aux conséquences qui en découlent. C'est le locus de contrôle externe, selon lequel la « faute » incombe toujours aux autres, même lorsqu'ils n'ont pas participé à l'événement considéré.

C'est ce que l'on définit familièrement comme un "jeu de blâme", et consiste à toujours blâmer quelqu'un d'autre, que ce soit un collègue ou un partenaire sentimental, et est typique des personnes "immatures" dont le développement moral est resté bloqué à un stade antérieur, dans lequel ils identifient le bien avec eux-mêmes et le mal avec les autres :

- Quand on nie à la fois nos propres responsabilités et celles des autres, en attribuant tout aux circonstances comme s'il s'agissait d'« entités » qui font et défont au gré des caprices. Ce mode est utilisé par des personnes aux principes moraux bas, dans le sens où elles ne se sentiront jamais responsables des résultats de tout ce qu'elles font, elles continueront donc d'agir à leur guise.

Un exemple est la personne qui se justifie en disant que "la vie m'a fait de cette façon", donc il ne prend pas la peine de changer et de s'améliorer, faisant ce qu'il fait sans aucune sorte de remords.

Dans aucun des cas de culpabilité négative décrits ci-dessus, il n'y a d'analyse des circonstances qui ont conduit aux erreurs, pas plus que la part de responsabilité qui serait assumée pour les conséquences que l'action ou l'inaction a générées. Par conséquent, si l'événement n'a pas servi à réfléchir et à apprendre, la prochaine fois qu'une situation similaire se produira, la même erreur sera commise à nouveau. Les trois situations décrites ci-dessus ne feront que nuire au développement normal de la personne, générant des conflits où qu'elles se trouvent, que ce soit dans la vie professionnelle, familiale ou de couple, puisque ces sentiments de culpabilité s'accompagnent du comportement correspondant. Dans le premier cas, nous recourrons à l'inactivité afin de ne pas "causer d'autres dommages au monde", en évitant le contact avec le monde extérieur. Dans les deux autres cas, on cherchera son épanouissement sans regarder plus loin.

Le cerveau est donc prédisposé à traiter des informations émotionnelles provenant du monde extérieur, informations qui en revanche sont indispensables lorsqu'il faut pouvoir distinguer si ce qui s'approche est un danger, mais au même titre que les autres capacités aux bases cérébrales, le majeur ou le mineur développement de cette compétence dépendra de son utilisation.

La narration peut devenir un moyen efficace d'analyser les circonstances qui ont conduit aux erreurs. Tourner son regard vers soi et s'écouter dans un contexte différent, qui contemple d'autres points de vue et d'autres récits, aide à prendre conscience, à développer des idées et des émotions.

Comme cela a déjà été noté, on pense à travers les histoires, ou plutôt à travers des histoires, afin qu'il soit plus confortable pour nous au niveau neuronal de retenir cette information relative à une histoire, au lieu de mémoriser des informations, des dates ou des noms de personnes qui ne sont pas liées les unes aux autres. Créer des histoires est le travail du cerveau (Jonathas Haidt[3]).

Il n'est pas surprenant de découvrir que le secret de nombreux cours sur le marché de la formation aujourd'hui sur la façon d'améliorer la mémoire est précisément de rassembler des histoires avec les éléments dont vous voulez vous souvenir.

Par exemple, si on essayait de se souvenir d'une liste de 10 nombres, chacun de ces nombres se voit attribuer une image associée et il s'agit de modéliser une histoire entre les

---

[3] Haidt, J. (2012). The Righteous Mind: Why Good People are Divided by Politics and Religion. Pantheon/Random House: New York.

10 éléments, on serait certainement capable de raconter l'histoire en suivant chacun des dix nombres dans le même ordre dans lequel ils apparaissent dans l'histoire.

Une méthode simple mais très efficace qui exploite tout le potentiel de mémoire du cerveau précisément dans sa composante « storytelling ».

En fait, cette méthode est également utilisée dans les domaines de l'éducation, de la formation, de l'entrepreneuriat et de la thérapeutique comme stimulant pour faire réfléchir sa manière d'agir également par rapport aux contenus à apprendre (voir chapitre 5).

En effet et intuitivement, avant même les connaissances développées grâce aux neurosciences, les enseignants ont traditionnellement utilisé ce système d'enseignement à travers des histoires dès le plus jeune âge, comme le premier moyen de rapprocher les élèves des connaissances, établissant ainsi les bases de l'apprentissage.

En faisant le parallèle entre le cerveau et un muscle, plus on s'entraîne, plus on l'utilise quotidiennement, plus on aura de chances d'obtenir une capacité émotionnelle suffisamment développée. A l'inverse, si on pratique peu ou pas du tout, ayant ainsi une vie émotionnellement presque plate, ce qu'on obtiendra, c'est que le cerveau ne développera pas cette capacité émotionnelle.

Heureusement pour ceux qui pour une raison quelconque n'ont pas eu l'occasion de le développer suffisamment, il existe actuellement de nombreux cours visant précisément à créer une formation émotionnelle à travers laquelle améliorer les compétences sociales, ce qui est le but ultime que tout le monde veut atteindre.

Comme mentionné jusqu'à présent, on vit dans un monde social où on communique constamment, par des mots ou des gestes. Une communication qui, pour être efficace, doit nécessairement aborder et prendre en compte les aspects émotionnels.

Cependant, il arrive parfois qu'il y ait des personnes qui, en raison de circonstances diverses, peuvent éprouver des difficultés d'intégration sociale, en raison de circonstances individuelles et/ou contextuelles.

En d'autres termes, une personne peut être limitée dans sa capacité à communiquer en termes de langage et d'émotions qu'elle souhaite exprimer. La narration pourrait devenir un moyen d'améliorer les compétences sociales.

En fait, avec la narration, nous mettons en œuvre des représentations significatives qui partent de ses propres expériences de vie et sont fondamentalement passionnantes car elles récupèrent et mettent en scène une expérience personnelle et ou de groupe.

La narration doit se dérouler dans un lieu « protégé », où les personnes qui y participent se sentent acceptées et libres de s'exprimer ; un espace dans lequel règne un climat de détente et de tranquillité et, par conséquent, nous pouvons nous impliquer afin de transmettre nos émotions à l'autre. Cet aspect est indispensable à tout cheminement en nous et à toute connaissance non superficielle des autres.

RÉFÉRENCES BIBLIOGRAPHIQUES

Athanasiadou, A., & Tabakowska, E. (Eds.). (2010). Speaking of emotions : Conceptualisation and expression (Vol. 10). Walter de Gruyter.

Blair, J., Mitchell, D., & Blair, K. (2005). The psychopath : Emotion and the brain. Blackwell Publishing.

Buhlmann, U., McNally, R. J., Etcoff, N. L., Tuschen-Caffier, B., & Wilhelm, S. (2004). Emotion recognition deficits in body dysmorphic disorder. Journal of psychiatric research, 38(2), 201-206.

Colombetti, G., & Thompson, E. (2007). The feeling body : Toward an enactive approach to emotion. In Developmental perspectives on embodiment and consciousness (pp. 61-84). Psychology Press.

Dael, N., Mortillaro, M., & Scherer, K. R. (2012). Emotion expression in body action and posture. Emotion, 12(5), 1085.

Enfield, N. J., & Wierzbicka, A. (2002). Introduction : The body in description of emotion. Pragmatics & Cognition, 10(1-2), 1-25.

Havas, D. A., & Matheson, J. (2013). The functional role of the periphery in emotional language comprehension.

Frontiers in Psychology, 4, 294.

Haidt, J. (2012). The Righteous Mind : Why Good People are Divided by Politics and Religion. Pantheon/Random House : New York.

Menges, L. (2017). The emotion account of blame. Philosophical Studies, 174(1), 257-273.

Nadler, J. (2012). Blaming as a social process : The influence of character and moral emotion on blame. Law and contemporary problems, 75(2), 1-31.

Stanley, R. O., & Burrows, G. D. (2001). Varieties and functions of human emotion. Emotions at work: Theory, research and applications in management, 3-19.

Chapitre 3. Le cerveau émotionnel

Dans le circuit émotionnel-perceptif-ménémonique, dont l'existence fait l'objet d'un large consensus depuis les découvertes d'Antonio Damasio (Damasio, 1998), un rôle crucial est joué par l'amygdale, qui enregistre l'alternance des stimuli émotionnels. Les informations contenant un contenu émotionnel sont beaucoup plus susceptibles d'être stockées et récupérées efficacement que les informations à contenu neutre. La connexion étendue entre l'amygdale et les régions visuelles du cortex strié et de l'hippocampe permet à l'amygdale de moduler son fonctionnement et de faciliter la fonction perceptive et mnémonique dans ces zones. Cependant, il existe des preuves que l'apprentissage émotionnel associé à l'amygdale est temporaire et que les effets ultérieurs sur la mémoire peuvent être dus à la participation d'autres zones du cerveau, telles que le cortex orbitofrontal. Dans ce cas, nous serions confrontés à un circuit de traitement émotionnel par opposition au mode de traitement cognitif spécifique.

Le cerveau a deux façons d'analyser les informations entrantes. Dans le circuit émotionnel, les stimuli semblent être analysés automatiquement de manière plus brute et plus rapide, suivant une stratégie de configuration. C'est une communication simplifiée mais avec des informations très pertinentes, nécessaires à la survie et au développement adéquat au sein de notre niche écologique. Cette capacité de traitement parallèle représente un avantage concurrentiel pour la survie dans l'environnement, car elle permet au sujet d'éviter immédiatement les menaces et les dangers, avant même que l'information n'ait été consciemment évaluée dans le cortex préfrontal.

Les informations venant de l'extérieur passent à travers un premier tamis, dans lequel le système limbique doit donner "le feu vert", avant de devenir conscient. Dans ce système, l'amygdale joue un rôle de premier plan pour identifier si les stimuli entrants représentent ou non une sorte de danger ; si tel est le cas, il met l'organisme en mouvement afin qu'il puisse donner le plus tôt possible une réponse de combat, de fuite ou d'évitement, c'est-à-dire « s'écarter » ou rester « figé » en essayant de s'assurer que le le danger ne voit pas. Ces réactions sont un héritage du temps où nos ancêtres devaient faire face à des animaux qui ne pouvaient les voir que lorsqu'ils étaient en mouvement.

La joie, la tristesse, la colère, la culpabilité, sont des

sentiments qui « colorent » notre façon d'être et de penser, et finalement guident notre comportement.

Par exemple, la publicité a précisément pour but d'affecter les émotions du consommateur, en les associant à un certain produit ou service afin que lorsque le consommateur le voit, il se souvient de l'émotion ressentie lors de la publicité et ait donc une plus grande propension à acheter. .

Mais le monde des émotions, et par conséquent l'influence du système limbique, va bien au-delà de servir de filtre ou de « ressentir » des émotions, qu'elles soient positives ou négatives. En plus de tout cela, les émotions jouent un rôle fondamental dans ce qui attire notre attention, ce que nous apprenons et les choix que nous faisons.

RÉFÉRENCES BIBLIOGRAPHIQUES

Beer, J. S., Lombardo, M. V., & Gross, J. J. (2007). Insights into emotion regulation from neuropsychology. Handbook of emotion regulation, 69-86.

Borod, J. C. (Ed.). (2000). The neuropsychology of emotion. Oxford University Press.

Calder, A. J., Lawrence, A. D., & Young, A. W. (2001). Neuropsychology of fear and loathing. Nature reviews neuroscience, 2(5), 352-363.

Damasio, A. R. (1998). Emotion in the perspective of an integrated nervous system. Brain research reviews, 26(2-3), 83-86.

Davidson, R. J. (1993). The neuropsychology of emotion and affective style.

Joseph, R. (1996). Neuropsychiatry, neuropsychology, and clinical neuroscience : Emotion, evolution, cognition, language, memory, brain damage, and abnormal behavior. Williams & Wilkins Co.

LeDoux, J. E. (1995). Emotion : Clues from the brain. Annual review of psychology, 46(1), 209-235.

LeDoux, J. E. (2000). Emotion circuits in the brain. Annual review of neuroscience, 23(1), 155-184.

Lindquist, K. A., Wager, T. D., Kober, H., Bliss-Moreau, E., & Barrett, L. F. (2012). The brain basis of emotion : a meta-analytic review. The Behavioral and brain sciences, 35(3), 121.

Suchy, Y. (2011). Clinical neuropsychology of emotion. Guilford Press.

Young, L., & Koenigs, M. (2007). Investigating emotion in moral cognition : a review of evidence from functional neuroimaging and neuropsychology. British medical bulletin, 84(1), 69-79.

« L'accroche narrative, un entraînement pour l'intelligence émotionnelle »

« L'accroche narrative, un entraînement pour l'intelligence émotionnelle »

Chapitre 4. L'Intelligence Émotionnelle et la Narration

On peut dire qu'on vit dans un monde d'émotions, tout comme on peut dire que nous vivons dans un monde social. Cela rend ces personnes les plus habiles en termes de performance émotionnelle et aussi les plus accomplies. Par exemple, un marchand de tout produit ou service vend principalement des émotions, et l'autre personne achète ou assimile ce qu'il vend.

Les médias, télévision, radio, ou tout autre canal, essaient de stimuler et donc de vendre davantage leurs produits ou services ; mais toutes les personnes n'ont pas le même niveau de capacité émotionnelle. Il y en a qui, pour différentes raisons, ne parviennent pas à développer suffisamment cette capacité. Pour mieux comprendre l'Intelligence Émotionnelle (voir le volume édité par Daniel Goleman, du même titre), les recherches vont dans ce sens depuis quelques années.

L'intelligence a traditionnellement été définie comme la capacité à résoudre de manière satisfaisante une série de questionnaires « standardisés » pour la population « cible » déterminée sur la base de caractéristiques génétiques.

Bien que l'utilisation de questionnaires d'intelligence ait émergé au XIXe siècle, beaucoup considéraient ces tests comme « injustes », voulant évaluer l'ensemble de la population « avec le même critère ».

Au début du siècle dernier, une polémique a surgi au cours d'études menées par les forces armées qui ont examiné la relation entre intelligence et race, c'est-à-dire qu'elles ont analysé les résultats obtenus par la population américaine selon que le participant était blanc ou noir, et parmi les Américains « natifs » et les immigrants, concluant que les Blancs d'origine anglo-saxonne avaient de meilleurs résultats que les autres groupes raciaux et les immigrants, et que les Blancs d'origine anglo-saxonne avaient de meilleurs résultats que les autres groupes raciaux et immigrants dont la langue maternelle n'était pas l'anglais . Tout cela a motivé la modification des politiques éducatives visant à « compenser » ces différences.

Des études ultérieures ont révélé le caractère fallacieux de ces résultats en raison de l'« inexactitude » des tests utilisés qui ne prenaient pas en compte la caractéristique du « jargon » de la population cible à analyser, puisqu'il a fallu adapter ce test en fonction de à qui il était adressé.

Malgré cela, le QI (quotient intellectuel) reste une mesure valable de la capacité à résoudre une série de tests conçus et préparés par des psychologues, qui suivent des normes de contrôle rigoureuses établies par la psychométrie (science de la mesure) afin que leurs résultats soient valides et fiables. pour la population à laquelle ils s'appliquent.

Grâce à cela, le niveau de réussite scolaire, et avec lui l'avenir professionnel des étudiants, peut être prédit bien avant qu'ils ne soient conscients de leurs capacités et de leurs possibilités. Il est également utilisé dans le domaine de la sélection du personnel, afin de trouver le candidat idéal pour le poste, qui n'a pas besoin d'être le plus qualifié ou le plus expérimenté.

Au fil des années, la psychométrie a été perfectionnée et améliorée de sorte que sa fiabilité est assez élevée, c'est pourquoi les entreprises décident « de leur avenir » en fonction des résultats des évaluations réalisées par les services des ressources humaines.

L'évaluation de l'intelligence est une question controversée, tant pour sa définition que pour ce qu'elle implique socialement. Quant à la définition, nombreux sont ceux qui comparent encore l'intelligence à une seule construction, à savoir, que vous soyez intelligent ou non, et si c'est le cas, vous pouvez être "moyen", inférieur à la moyenne, ou inférieur à la moyenne. Dans ce dernier cas, on peut être plus intelligent que les autres, talent ou génie, à des degrés divers. Ce serait le cas si le modèle classique de l'intelligence, aujourd'hui dépassé, était suivi.

Bien qu'au cours des dernières décennies, le concept d'intelligence ait été remis en cause, on a compris qu'il ne s'agit pas de quelque chose d'unitaire, mais qu'il existe des intelligences multiples, telles que l'intelligence spatiale, l'intelligence verbale, l'intelligence mathématique, l'intelligence musicale, etc.

Une personne qui a développé des compétences élevées pour la musique sera un grand "Chopin" ou "Mozart" d'aujourd'hui, mais, par exemple, il ne se démarquera peut-être jamais en faisant des intégrales, des dérivées ou de la trigonométrie. Une autre chose est le "génie", capable d'émerger dans plusieurs de ces domaines de l'intelligence.

Le fait que la communauté scientifique ait reconnu qu'il n'y a pas un seul type d'intelligence, mais une multiplicité de formes, a permis le développement de nouvelles approches thérapeutiques, éducatives et de formation plus inclusives, fortement centrées sur la personne.

Cette nouvelle approche du concept d'« intelligence » a représenté une poussée vers la recherche de différents accès au savoir, aux espaces communs, tissant un maillage le plus large possible afin d'inclure tous les sujets, dans leur diversité (voir Eleta, 2020).

Pour faciliter les processus d'enseignement-apprentissage, les parcours de mise à jour professionnelle, la relation avec les autres, la nécessité d'élargir les frontières pour laisser place aux différents modes de participation et d'implication des personnes est de plus en plus claire, valorisant les différentes compétences et connaissances.

Il s'agit donc de comprendre comment aborder les singularités des étudiants/stagiaires pour les valoriser et leur permettre de profiter pleinement des ressources dont ils peuvent disposer.

Par exemple, en ce sens, l'utilisation de différents langages expressifs alternatifs peut sans aucun doute capturer les besoins individuels et collectifs par contraste et diversité (qu'il s'agisse de composants adultes, jeunes ou enfants). Cependant, il est nécessaire d'évaluer à chaque fois quelle langue proposer et comment la développer et l'intégrer à d'autres langues (Voir Dolci M. et Eleta P. 2017).

Le rôle de l'école et l'intelligence émotionnelle

En ce qui concerne l'intelligence émotionnelle, on considère la narration comme une méthodologie intéressante, car elle représente un puissant stimulus pour s'exprimer librement, en trouvant ses propres méthodes narratives qui peuvent être enrichies par l'utilisation de plusieurs langages expressifs, pas seulement avec des mots. , mais aussi avec le chant, la musique, la métaphore, la vidéo, la photographie, etc.

Des sentiments tels que la joie, la tristesse, la culpabilité, la colère, guident notre comportement et peuvent être analysés et "gérés" également grâce à des histoires individuelles et/ou collectives. Ces récits peuvent décrire des événements réels ou fictifs et prendre vie à partir des émotions, des connaissances, des fantasmes, des capacités ainsi que d'autres aspects de son histoire et de sa personnalité.

Bien que dès la naissance et même plus tôt, le bébé éprouve des émotions, celles-ci sont très proches des besoins physiologiques. Au fur et à mesure que l'expérience s'acquiert, surgissent des émotions secondaires, celles qui sont associées à l'apprentissage, bien que le petit en soit à peine conscient.

L'intelligence émotionnelle émerge comme une compétence sociale, qui se "corrige" avec la pratique, très proche des valeurs et coutumes du lieu où elle se développe, mais à l'adolescence, ces émotions sont remises en question, en raison des changements hormonaux, physiologiques et psychologiques.

Au fur et à mesure que le corps de l'adolescent change, ses émotions changent aussi, puisque celles-ci sont liées à la manière de se rapporter à soi et aux autres, aspects qui ne sont plus stables et seront constants dans le temps.

L'enfant commencera à être traité comme un "adulte", et il lui sera demandé d'assumer ses responsabilités et ses droits. De la même manière, dans la sphère sociale, la famille n'est plus le centre de référence, mais s'étendra aux amis, tandis que dans le même temps commencent à s'éveiller des "sentiments" jusqu'alors inconnus, liés à l'amour et à la sexualité.

En ce qui concerne l'image de soi et le développement de la pensée au fil du temps, ils sont sujets à des variations, donc, ce qu'un jour est bon, le lendemain peut être « détestable » et l'individu essaie aussi de comprendre et d'affronter un nouveau monde d'émotions qui lui est présentée, et pour laquelle il devient particulièrement sensible, en raison de l'augmentation des hormones dans le sang.

De cette façon, il est facile de faire naître des sentiments tels que, par exemple, l'incertitude, la déception, la confusion et l'insécurité, car le sujet n'a pas encore établi une personnalité lui permettant de "se défendre" de manière adéquate contre les demandes extérieures.

De la même manière, des sentiments de solitude, la croyance de « ne pas être compris » peuvent survenir, un aspect qui pourrait conduire à l'apparition d'une symptomatologie dépressive.

C'est dans cette période que les émotions sont perçues plus intensément, il est donc « facile » de retrouver des jeunes dans des manifestations et des protestations, même si elles provoquent des actes violents ; mais aussi dans les ONG et dans des institutions altruistes, avec lesquelles ils se sentent identifiés et y investissent du temps et des efforts

Il faut tenir compte du fait que les jeunes sont encore en formation, dans des aspects tels que l'échelle des valeurs personnelles, et qu'ils ont tendance à s'impliquer dans des choses qu'ils considèrent eux-mêmes, au bout de quelques années, comme simplement "accessoires". Le développement moral s'affirme aussi, de sorte qu'à l'adolescence tout a une « justification » si c'est pour une « bonne cause ».

Un mélange de rébellion, de recherche d'identité, d'exploration des limites de la société, qui « atténue » avec le temps, au fur et à mesure que le développement moral des adolescents avance.

À ce stade de développement, certains adolescents surestiment leurs possibilités et « bougent » pour des raisons hédonistes, recherchant tout ce qui produit plaisir et satisfaction ; ils fuient tout ce qui implique une responsabilité ou qui peut impliquer un effort.

Dans cette phase, non seulement la façon de vivre les émotions sera modifiée, mais l'adolescent devra apprendre à les exprimer de manière appropriée et à interpréter correctement les émotions des autres. Cependant, c'est une période où il est facile de "se confondre" avec les "signaux" de l'autre sexe, puisque c'est une langue qui doit être développée et apprise petit à petit.

Là où les parents ont donné aux enfants une formation émotionnelle riche, ils ont moins de difficultés à s'adapter à leur nouvelle condition à mesure qu'ils grandissent.

Il sera donc plus facile d'abandonner le rôle de « petit

» à chaque fois qu'il assumera de nouvelles responsabilités vis-à-vis de sa vie, de ses émotions et de ses pensées. Cependant, s'il s'agit du développement « normal » des adolescents, ils sont parfois confrontés à des situations d'humiliation, d'abus et même de maltraitance au sein de l'école, provenant de leurs propres pairs, comme dans le cas du harcèlement moral.

Les troubles émotionnels, plus fréquents chez les adolescents, sont des troubles anxieux et dépressifs, bien que des phobies puissent également survenir.

Même dans ces cas, la narration peut s'avérer être un outil efficace. Ces dernières années, il a été utilisé avec succès, par exemple, dans divers contextes socio-éducatifs pour sensibiliser et prévenir les cas de harcèlement. Je mentionne, parmi les nombreuses expériences activées sur le terrain, le projet "ARRÊTEZ L'HARCÈLEMENT 2.0" [4] L'éducation coopérative et le storytelling numérique pour prévenir, identifier et combattre les formes de harcèlement et de cyber-harcèlement chez les enfants et les jeunes de 8 à 16 ans, dans 20 régions italiennes. Le projet, qui a duré 18

---

[4] Pour plus d'informations, visitez la page Web: https://www.sipea.eu/34/414/STOP_BULLYING_2.0.htm

mois, a impliqué toutes les régions italiennes, pour un total de 25 écoles primaires et secondaires et s'est concentré sur les filles et les garçons en tant que protagonistes de l'histoire sur le thème du harcèlement et du cyberharcèlement. Le projet a été financé par le Ministère du Travail et des Politiques Sociales conformément à l'Avis n°1/2018.

Une autre expérience a été réalisée à Taiwan[5], si la narration a été considérée comme une bonne approche pour situer les élèves dans un scénario spécifique et pour faciliter leur évaluation de diverses situations et les guider dans la résolution des conflits.

Les étudiants se sont impliqués grâce à un parcours intégrateur ; Ensuite, les élèves devaient choisir entre les différentes pistes d'histoire prédéfinies et développer le personnage principal, écrire le scénario et s'occuper de l'enregistrement de la voix. En jouant des rôles intimidants ou de victimes, les enseignants ont pu soutenir les élèves

---

[5] Min-Kun Tsai, Shian-Shyong Tseng et Jui-Feng Weng (2011). « Une étude pilote sur la narration interactive pour l'éducation à la prévention de l'intimidation » dans Edutainment Technologies. Jeux éducatifs et applications de réalité virtuelle / réalité augmentée, 6e conférence internationale sur l'apprentissage en ligne et les jeux, Edutainment 2011, Taipei, Taiwan, 7-9 septembre 2011, Actes. Éditeur : Chang, M., Hwang, W.-Y., Chen, M.-P., Mueller, W.

(leurs pensées et leurs émotions) alors qu'ils se trouvent dans diverses situations de conflit cognitif et émotionnel.

Le projet a impliqué 63 collégiens taïwanais, utilisant l'édition multimédia Scratch comme plate-forme pour soutenir la narration et l'animation. Comme les élèves étaient disposés à exprimer leurs pensées, la narration numérique était un bon support pour mieux prendre conscience du harcèlement.

En résumé, la narration peut effectivement devenir un outil efficace à la fois pour élargir "l'espace social" et contenir les émotions et les sentiments qui s'y mêlent (angoisses, peurs, joie, culpabilité), et pour valoriser les connaissances, les intelligences multiples et les compétences. Des différents participants à l'activité.

Comme discuté ci-dessous, la narration peut également être efficace avec les adultes, comme dans les parcours de soutien parental (voir chapitre 5).

Bien que toutes les maladies mentales n'aient pas un indice d'héritabilité élevé, le pourcentage de cas dans lesquels un enfant peut présenter une psychopathologie augmente, dans le cas où l'un des parents en a souffert. Les causes, si elles ne relèvent pas d'une sorte d'hérédité, s'expliquent par le milieu, en l'occurrence le milieu familial dans lequel évolue l'enfant, qui peut avoir été un « témoin » des épisodes aigus de la maladie d'un des ses enfants, ses parents. Même lorsqu'une personne souffre de psychopathologie, il se peut qu'il n'y ait pas l'environnement le plus approprié et "sain" pour l'enfant, et chacun de ces facteurs peut générer le germe sur lequel l'enfant pourra construire une future psychopathologie en grandissant.

Comme cela a été observé, dans le cas de parents souffrant de troubles anxieux ou de dépression sévère, il y a eu une augmentation significative de la souffrance de ces psychopathologies chez les enfants. C'est-à-dire que les enfants de parents anxieux présentent des niveaux d'anxiété plus élevés, allant même jusqu'à devenir pathologiques, et même avec un état dépressif, qui devient un trouble majeur de la dépression. Mais dans quelle mesure un parent peut-il remarquer la présence de la même symptomatologie chez l'enfant ?

C'est ce qu'a tenté de découvrir un groupe de chercheurs qui ont réalisé une étude, menée par l'Université de Groningue, le Centre médical universitaire de Leiden (Pays-Bas) et le Centre médical universitaire VU (Amsterdam), publiée en 2014 dans la revue scientifique BMC. Psychologie.

L'étude a été apportée sur 25 parents, qui avaient souffert de troubles de l'humeur unipolaires ou d'anxiété, et d'enfants âgés de 8 à 18 ans. Ils ont tous subi un entretien semi-directif sur diverses questions, leur façon d'éduquer et la santé psychologique de leurs enfants.

Les résultats indiquent que même si les parents savent qu'ils offrent la même qualité de soins et d'attention à leurs enfants que tout autre parent, ils semblent en réalité plus préoccupés par la présence ou l'absence des symptômes dont ils ont souffert, dans le cadre de leur psychopathologie.

Presque tous les parents conviennent que leurs enfants devraient recevoir des soins spécialisés, dès l'apparition des premiers symptômes, soupçonnant qu'ils peuvent souffrir de leur maladie mentale, à titre préventif et pour éviter l'aggravation.

La question de savoir s'il fallait révéler à leurs enfants qu'ils avaient souffert d'une psychopathologie était particulièrement controversée. Bien que l'étude soit pionnière, elle met en lumière les craintes des parents, qui ont souffert d'une psychopathologie. Le petit nombre de participants et la réalisation d'un entretien semi-directif ne permettent pas de conclusions extrapolables à cet égard. Malgré cela, il faut reconnaître l'absence de cours orientés vers ce groupe, qui les aide dans leur tâche d'élever leurs enfants, afin qu'ils sachent identifier correctement les premiers symptômes de leurs propres maladies, et ainsi atténuer la peur qu'ils ont à propos de la santé psychologique de leurs enfants.

Par exemple, dans le cas des enfants surdoués, les parents devraient être informés des avantages et des inconvénients de cette situation. Cela peut se faire à travers de petites histoires des grands génies, où sont racontées les difficultés qu'ils ont eues dans l'enfance. Le conte permet aux parents de comprendre les émotions de leurs enfants, et ainsi d'apprendre à être plus patients et à offrir le soutien dont les plus petits ont besoin.

Il est essentiel de garder à l'esprit qu'il existe de nombreux aspects qui peuvent être inclus dans l'intelligence émotionnelle. Dans une société intéressée par les résultats individuels, nous « tournons le dos » parfois au développement de certains aspects importants comme, par exemple, la compassion.

La compassion est considérée dans de nombreuses cultures comme une "faiblesse" de l'être humain, mais si nous nous arrêtons et réfléchissons, c'est exactement ce qui nous distingue de nombreux animaux.

Lorsqu'il y a une personne âgée, malade ou handicapée, la compassion est « activée » en nous, et nous avons tendance à lui offrir aide et protection. Chose qui a déjà été observée par nos ancêtres, lorsque des sépultures ont été trouvées sur des personnes aux os fracturés, signe que le groupe a assisté et soigné la personne blessée, le temps qu'il fallait pour guérir.

La compassion est aussi ce qui nous pousse vers des causes de solidarité, lorsqu'un problème social ou une catastrophe survient, et que l'aide est reçue de vrais inconnus. C'est un véritable protecteur contre les "émotions négatives" telles que l'anxiété, la colère ou la peur, augmentant l'amitié et les relations sociales.

Le récit peut nous aider à comprendre ces émotions grâce au « transport », la possibilité de s'identifier à un ou plusieurs personnages de l'histoire. Storr déclare (Storr : 175) « Quand l'histoire nous fait monter dans ses montagnes russes vertigineuses, notre corps réagit en conséquence aux événements narrés : le rythme cardiaque s'accélère, les vaisseaux sanguins se dilatent, la production de substances neurochimiques comme le cortisol augmente et l'ocytocine qui ont des effets puissants sur notre état émotionnel."

La compassion est intimement liée à l'empathie, la

capacité à comprendre les émotions de l'autre et à se mettre à sa place, mais également, elle est présente dans notre quotidien, et nous pouvons l'utiliser plus ou moins selon nos émotions développement.

Mais qui sont les plus compatissants, hommes ou femmes ?

C'est ce à quoi on a tenté de répondre avec une recherche menée par le Department of Communication de l'Université de Californie (USA) dont les résultats ont été publiés dans la revue scientifique Journal of Happiness & Well-Being.

L'étude a porté sur six cent treize étudiants universitaires âgés de 18 à 42 ans, dont trois cent dix femmes.

Tous ont reçu une série de questionnaires standardisés pour évaluer le niveau de l'échelle de compassion ; pour évaluer le niveau de stress personnel lors de la communication on a utilisé le RPAC.-24 (Rapport personnel d'appréhension de communication); pour évaluer le niveau de névrosisme, le ENH. (Échelle de narcissisme hypersensible); et enfin pour évaluer le niveau d'agressivité verbale, l'échelle d'agressivité verbale a été utilisée.

En tant que facteur majeur, les résultats montrent des

différences significatives entre les sexes en matière de compassion, qui sont plus élevées chez les femmes.

Des différences significatives ont également été trouvées dans le niveau de tension dans la communication et l'utilisation de l'agressivité verbale, qui est plus importante chez les hommes.

Enfin, aucune différence n'a été trouvée concernant le narcissisme basé sur le sexe.

En tant que facteurs d'interaction, il a été constaté que les plus compatissants présentent des niveaux de tension inférieurs dans la communication, l'agressivité verbale et le narcissisme.

L'une des limites de l'étude est de n'utiliser que des évaluations de type questionnaire, au lieu d'autres de type observationnel ou jeu de rôle, pour évaluer ce qui se passerait en situation réelle.

Dans l'étude, l'Intelligence Émotionnelle, facteur fondamental pour vérifier le développement des compétences relationnelles interpersonnelles, n'a pas été prise en considération. Le niveau d'Alexithymie n'a pas non plus été évalué, lié à l'incapacité à percevoir les émotions chez les autres et à donner une réponse adéquate.

De même, la vérification des différences significatives

ne s'accompagne pas d'une théorie expliquant ces différences, ni les implications que cela implique.

L'auteur indique également que, pour une nouvelle recherche, on analyse les différents types de compassion, en fonction de la proximité émotionnelle du destinataire de celle-ci, en plus de l'apitoiement sur soi.

Malgré les limites énoncées ci-dessus, de nouvelles études émergent chaque jour confirmant les nombreuses différences entre les hommes et les femmes, sans impliquer une comparaison entre « le meilleur-pire », ni tenter de dégrader non plus.

Cela dit, cultiver la compassion, à travers le développement de l'intelligence émotionnelle, entraînera un comportement verbal moins agressif et moins de tension dans la communication.

Quelque chose qui, loin de nous rendre "plus faibles", nous permettra d'établir des liens d'amitié affective plus solides et durables ou intimes, alors que nous avons une communication plus étroite et plus directe, sans tension personnelle et sans avoir besoin d'être agressif dans la communication verbale.

Lorsque nous parlons d'intelligence, nous le faisons

généralement comme quelque chose de statique dans le temps, quelqu'un qui est né avec un tel coefficient intellectuel et cela l'accompagne pour le reste de sa vie, malgré les efforts considérables déployés par les établissements d'enseignement pour élever le "niveau" de leurs élèves, dans l'espoir d'améliorer leur intelligence grâce à l'éducation. Mais le niveau d'intelligence est-il maintenu tout au long de la vie?

C'est ce que nous avons tenté de démontrer à travers des recherches développées par la Western University of Illinois et Loyola Marymount University (USA) dont les résultats ont été publiés dans le Journal of Intelligence.

Les données ont été extraites d'une étude longitudinale multifactorielle du Murray Research Archive, qui a analysé les participants pendant 30 ans, extrayant les données de cent soixante-dix-sept participants lorsqu'ils avaient 3-4, 11, 18 et 32 ans.

Au fil du temps, ils ont tous été soumis à une multitude de questionnaires standardisés, mais seules les informations provenant d'un questionnaire de grande capacité appelé Q-sort Methodology, et le C.C.Q., ont été utilisées pour l'étude. (California Child Q-Set) Article « Haute capacité intellectuelle » ; le développement des compétences académiques a été évalué par le W.P.S.I.

(Échelle d'intelligence préscolaire et primaire de Wechsler). De plus, d'autres variables ont été prises en considération, telles que le sexe, le niveau socio-économique et le niveau d'éducation des parents.

Les résultats montrent une relation significative entre les niveaux d'intelligence initiaux et ceux développés au fil du temps, évalués en termes de performances scolaires.

Bien que l'étude soit claire sur le pouvoir prédictif de l'intelligence, elle ne détermine pas le rôle de l'éducation sur l'intelligence et si être plus ou moins éduqué détermine un niveau d'intelligence plus ou moins élevé, ce qui devrait valider les efforts des établissements d'enseignement, ou au contraire questionner s'il n'y a pas de relation entre le niveau d'éducation et l'intelligence.

De même, l'étude se concentre exclusivement sur l'intelligence académique, c'est-à-dire la capacité à répondre de manière adéquate aux demandes et aux besoins académiques à chacun des niveaux des établissements d'enseignement, laissant de côté l'approche dimensionnelle qui suppose que l'on peut avoir une performance académique normale à partir d'une intelligence spécifique normale. Il faut alors souligner que l'on peut aussi être un génie dans d'autres secteurs tels que les secteurs artistiques et sociaux qui ne sont pas « utiles » aux fins des établissements d'enseignement et ne sont donc pas évalués ou valorisés tout ce dont l'étudiant pourrait avoir besoin. Mais à ce stade, qu'en est-il de l'intelligence émotionnelle ?

Quand vous pensez aux émotions, il ne semble pas que vous puissiez parler de quelque chose de statique, qui ne change pas avec le temps et, même selon la personne à qui on a affaire, on peut ressentir d'une manière ou d'une autre, et interpréter ce que se dit mieux ou moins bien selon l'interlocuteur.

Une blague faite par un ami est drôle, mais si un étranger le fait, ces mêmes lignes n'auront pas le même effet « humoristique ». En outre, le passage du temps modifie également l'expérience émotionnelle.

Comme on a plus d'expériences, cela nous permet de savoir comment gérer les situations émotionnelles, à la fois positives et négatives. Cela signifie que, sachant comment agir dans ces circonstances, les émotions qui sont générées ont moins d'impact.

Les histoires, le récit, aident les individus à mûrir et à réfléchir aux émotions, à la condition humaine en général. Comme le déclare Storr : « Au début d'une histoire, on rencontrera souvent un protagoniste qui est imparfait d'une manière bien définie. Les erreurs qu'il commettra dans sa relation au monde nous aideront à sympathiser avec lui. Comme l'histoire fournit des indices et des suggestions sur l'origine de ses erreurs, nous serons touchés par sa vulnérabilité et impliqués émotionnellement dans ses difficultés..." (Storr, 2020, p. 46)

Raconter des histoires (réelles ou fictives) génère de nouveaux stimuli émotionnels et cognitifs chez les gens. Ces dernières années, des études ont été développées pour analyser l'influence émotionnelle sur la santé, tout comme une émotion "forte" ou choquante peut provoquer des déséquilibres temporaires chez la personne, qui au fil du temps récupère de "l'impact".

De l'Université de Carnegie Mellon (USA), dont les résultats ont été publiés dans la revue Health Psychology, viennent des études qui ont tenté de comprendre comment le deuil affecte les personnes âgées. L'étude a porté sur six mille sept cent dix-sept personnes de plus de 50 ans, issues d'une précédente étude longitudinale appelée Health and Retirement Study, menée entre 2006 et 2010.

Tous ont reçu plusieurs questionnaires de santé standardisés ; le nombre et la gravité des cas dans lesquels ils ont reçu des peines, selon qu'elles venaient de leur conjoint, enfants, autres parents ou amis ; et leur humeur ; en plus de toutes ces mesures, la tension artérielle a été prise. Les résultats ont été comparés aux normes attendues en fonction de leur âge et de leur statut sociodémographique préalablement établi. Ceux qui présentaient une hypertension initiale et ceux qui recevaient des médicaments pour contrôler leur tension artérielle ont été exclus de l'étude.

Les résultats indiquent qu'en vieillissant, nous devenons un peu plus sensibles aux « émotions négatives ». Cela a été compris par les chercheurs, qui, au cours d'une étude de 4 ans, ont découvert que 29% des participants avaient développé une hypertension, dont 38% étaient liés à des expériences émotionnelles négatives. Cette relation se manifeste le plus intensément chez les femmes entre 50 et 65 ans et est particulièrement frappante lorsque les problèmes proviennent principalement de la famille et des amitiés.

Bien que les résultats semblent clairs, il reste encore 62 % des cas d'hypertension non expliqués par des « émotions négatives » causées par le deuil. De même, il est évident qu'il existe des différences femmes/hommes, qui ont été signalées, mais leur origine n'a pas été suffisamment expliquée. On ne sait pas s'il s'agit de quelque chose de biologique, d'une expérience de vie ou d'autres facteurs qui « protègent » la tension de l'homme face à ces peines, et qui au contraire affectent la femme d'une manière si négative qu'elle lui fait perdre la tête, santé. Les résultats, bien qu'ils puissent avoir certaines limites, sont clairs en ce sens que nous devons soigner et soigner correctement les personnes âgées, qui sont autant bouleversées que les autres ou plus, et donc, puisque leur santé peut en être affectée, nous devons payer une attention particulière aux « émotions négatives » et aux chagrins qu'ils pourraient ressentir.

Jusqu'à présent, l'intelligence émotionnelle a été considérée comme la capacité qui nous permet de gérer efficacement nos émotions, à la fois positives et négatives, et qui joue un rôle fondamental dans notre façon de ressentir, de penser et d'agir.

Au contraire, ceux qui ont de faibles niveaux d'Intelligence Émotionnelle se distingue par des niveaux élevés d'Alexithymie, puisque selon certains auteurs il s'agit d'un continuum.

Il a été observé comment les personnes ayant des niveaux élevés d'alexithymie peuvent avoir des comportements antisociaux, s'exposant à des comportements à risque pour eux-mêmes ou pour les autres, dans lesquels les conséquences sur leur propre santé et aussi sur la sécurité personnelle peuvent être démontrées.

Quand on pense à des comportements à risque, on pense généralement à des comportements plus extrêmes, comme la conduite à grande vitesse, ou le saut à l'élastique, mais il y a aussi des situations qui mettent la santé en danger avec des comportements moins voyants, comme la consommation excessive de tabac, d'alcool ou d'autres médicaments. Mais à ce stade, quel est le rôle de l'intelligence émotionnelle dans les comportements dangereux ?

C'est exactement ce qui a été étudié par l'Université d'Oviedo (Espagne) dont les résultats ont été publiés dans le Journal of Nursing Education.

L'étude a porté sur deux cent soixante-quinze étudiants en sciences infirmières.

Tout leur niveau d'intelligence émotionnelle a été mesuré à l'aide de l'échelle standardisée d'intelligence émotionnelle de Schutte.

Il a été évalué les comportements dangereux visés comme la consommation de tabac, d'alcool, de drogues illicites, en plus de celui lié à une mauvaise alimentation, s'ils étaient en surpoids ou non, s'ils étaient sédentaires ou non, leur niveau d'exposition au soleil et la pratique de rapports sexuels non protégés. De plus, des données sociodémographiques et de satisfaction de vie ont été recueillies.

Les résultats indiquent que les étudiants qui ont des niveaux élevés d'intelligence émotionnelle, présentent un comportement de consommation d'alcool moins excessif, ne suivent pas de régimes alimentaires malsains et observent des pratiques sexuelles protégées.

Au contraire, ceux ayant des niveaux d'intelligence émotionnelle plus faibles, ce qui correspondrait à des niveaux d'alexithymie plus élevés, ont montré des comportements dangereux, en termes d'augmentation de la consommation d'alcool, d'observation d'une mauvaise alimentation et de pratiques sexuelles non protégées.

Aucune différence significative n'a été obtenue dans les comportements dangereux, tels que la consommation de tabac ou de drogues illégales, le niveau de surpoids, la vie sédentaire ou le niveau d'exposition au soleil, selon le niveau d'intelligence émotionnelle.

Les auteurs soulignent les avantages d'avoir des niveaux élevés d'intelligence émotionnelle pour gérer correctement la pression de groupe, élément principal des comportements tels que la consommation d'alcool.

L'étude ne collecte des informations sur les comportements dangereux que par auto-évaluation, elle laisse la possibilité à des phénomènes tels que la désirabilité sociale, lorsqu'elle est répondue, c'est-à-dire qu'elle est socialement acceptée, sans vérifier si ce comportement se produit ou non. en réalité.

De même, le recours à une population très spécifique, comme les étudiants universitaires, ne permet pas d'extrapoler sur ce qui pourrait arriver chez d'autres jeunes.

Au Canada, l'Université Mount Saint Vincent a réalisé des recherches sur ce sujet, dont les résultats ont été publiés dans la revue scientifique Psychology. 172 étudiants entre dix-neuf et trente ans ont participé à l'étude. Tous les participants ont été évalués pour le locus de contrôle en tant que caractéristique de la personnalité. Pour faire l'évaluation, les auteurs de l'étude ont utilisé le Rotter L.O.C.

Pour évaluer leur niveau de santé mentale, les participants ont rempli l'échelle de bien-être psychologique Ryff (avec six composantes de la santé mentale). Les résultats ont montré qu'il existe des associations positives significatives entre six composantes de la santé mentale et le locus de contrôle, démontrant comment les traits de personnalité jouent un rôle prédominant dans la consolidation de la santé de l'individu :

- Notre attention est captée beaucoup plus rapidement par des stimuli pleins d'implications affectives que par ceux "neutres". De plus, parmi les premiers, nous prêtons attention plus rapidement et avec plus d'intensité à ceux qui ont une charge négative, c'est-à-dire ceux qui pourraient représenter un danger pour nous et nécessitent donc une réponse plus immédiate pour assurer notre survie.

Une fois que le stimulus affectif a attiré notre attention, il nous est plus facile d'apprendre ou de vouloir prendre une décision. C'est donc un processus de base, nécessaire et préalable à tout autre processus, qui se déroule de manière « instinctive », sans pouvoir choisir ce qui attire notre attention et ce qui ne nous, nous pouvons décider de continuer ou non à suivre le stimulus.

- Normalement, l'apprentissage est associé à des études "régulées" dans lesquelles il faut s'asseoir devant un livre pour "avaler" ce qui est écrit. En réalité, c'est loin d'être une activité monotone et répétitive. En fait, vous pouvez tout apprendre, pas seulement les noms, les faits et les dates, ce qu'on appelle la connaissance explicite, mais aussi comment faire les choses, par exemple pour conduire, en acquérant la soi-disant connaissance implicite. Tout ce qui est décrit peut-être stimulé par un environnement émotionnel affable, agréable et positif, ou engourdi lorsque les conditions ne sont pas favorables.

De plus, toute situation vécue personnellement ou que l'on entend raconter par un autre restera profondément marquée, et par conséquent sera apprise, lorsqu'elle est accompagnée de stimuli chargés d'implications affectives.

Par exemple, presque tout le monde est capable de décrire un grand nombre de détails qui se sont produits autour d'événements positifs tels que leur mariage, la naissance de leur premier enfant, etc., des expériences qui, malgré le passage des années, restent « aussi vives que les premier jour".

De même, un événement désagréable comme un vol ou un accident de voiture leur rappellera longtemps ces moments et les détails des circonstances dans lesquelles ils se sont déroulés. C'est pourquoi certaines personnes ont du mal à surmonter le deuil d'un membre de leur famille ou d'un ami perdu : elles continuent d'avoir des souvenirs vivaces de ce qui s'est passé pendant longtemps, ce qui leur causera des dommages psychologiques continus.

- Le processus de décision, loin d'être un acte « froid et calculé » avec lequel on cherche à obtenir le maximum de bénéfice pour soi, est particulièrement soumis à l'influence de notre monde émotionnel.

Si nous pensons aux grandes décisions de notre vie, par exemple avec qui nous avons créé un couple, quelles études nous avons faites, où nous avons eu une maison, nous pourrions nous leurrer en pensant que nous avons choisi ce que nous considérons comme la meilleure option ; mais si nous réfléchissons attentivement, nous pouvons voir que de nombreux aspects émotionnels ont pesé sur ces décisions, certains dépendant des émotions que nous avons ressenties, d'autres ont émergé des conseils de personnes qu'on estime et apprécie.

Tout cela a été confirmé par une vaste étude menée conjointement par les universités de Cambridge et de l'U.M.C. St. Radboud (Pays-Bas) publié dans la revue scientifique Frontiers in Human Neuroscience, dans laquelle est faite une revue approfondie des articles sur la prise de décision publiés à ce jour. L'étude analyse les différents facteurs qui nous influencent au moment de décider entre différentes options, en accordant une attention particulière à l'influence sociale du contexte en tant que modulateur des décisions que nous prenons, à la fois en ce qui concerne l'apprentissage de certains comportements et valeurs, en raison de l'apprentissage social, à la fois pour des phénomènes tels que la pression de groupe, la conformité sociale, la coopération et le stress social, tous influencés par le champ des émotions.

RÉFÉRENCES BIBLIOGRAPHIQUES

Bruner, J. (1988). La mente a più dimensioni. Roma: Laterza.

Del Favero. E. (1999). Come per incanto. Milano: Gribaudo.

Dolci M, e Eleta P.G. (2017). Il burattino poliglotta. Un approccio innovativo per l'apprendimento delle lingue seconde e straniere. Ed. Amazon - Kindle Edition e in versione cartacea: Milano.

Barrett, L., Dunbar, R., & Lycett, J. (2002). Human evolutionary psychology. Princeton University

Eleta, P.G. (2021). The puppet as an educational tool. Ed. Tektime in digital and printed: Milano.

Levorato, M.C. (2000). Le emozioni della lettura. Bologna: Il Mulino.

Merletti, V.R. (1998). Raccontar storie. Milano: Mondadori

Mingoia, E. (1997). Nel mondo delle fiabe. Roma: Nuova Era.

Min-Kun Tsai, Shian-Shyong Tseng e Jui-Feng Weng (2011). "A Pilot Study of Interactive Storytelling for Bullying Prevention Education" in Edutainment Technologies. Educational Games and Virtual Reality/Augmented Reality Applications, 6th International Conference on

E-learning and Games, Edutainment 2011, Taipei, Taiwan, September 7-9, 2011, Proceedings. Editors: Chang, M., Hwang, W.-Y., Chen, M.-P., Mueller, W.

Smorti, A. (1994). Il pensiero narrativo. Costruzione di storie e sviluppo della persona. Firenze: Giunti.

"STOP BULLYING 2.0. Peer education e digital storytelling per contrastare bullismo e cyberbullismo" https://www.sipea.eu/34/414/STOP_BULLYING_2.0.htm

Storr, W. (2019). The science of storytelling. William Collins: London U.K.

Zipes, J. (2004). Spezzare l'incantesimo. Milano: Mondatori.

Chapitre 5. Champs d'application de la narration

La narration est une méthodologie qui peut être utilisée dans différents domaines non seulement pour communiquer efficacement un certain message mais aussi pour partager des expériences et mettre en relation des personnes et des groupes car, comme nous l'avons souligné à maintes reprises, la narration est capable de surmonter les barrières logiques, le raisonnement, analytique et pensée rationnelle, activant directement nos émotions.

Une histoire peut aller droit au cœur et la narration a le pouvoir de nous émouvoir, d'activer des passions, de « se mettre à la place d'autres êtres vivants » en trouvant des modalités relationnelles alternatives ou en facilitant de nouvelles connaissances.

Grâce à la narration, nous pouvons également simuler et imaginer de nouvelles façons de résoudre un problème ou de modifier certains comportements. Cependant, il est essentiel de garantir une approche sérieuse et d'éviter la banalisation, ce n'est qu'ainsi que le storytelling peut représenter une méthodologie précieuse dans les domaines de la formation, pédagogique et éducatif, entrepreneurial et même thérapeutique.

LA NARRATION DANS LE DOMAINE PÉDAGOGIQUE ET ÉDUCATIF

Les émotions sont le point de départ de toute connaissance et c'est précisément pour cette raison que, lorsque l'on propose la narration comme méthodologie pédagogique, il faut réfléchir à la manière de gérer les émotions « en jeu ».

Comme nous l'avons déjà souligné, la méthodologie de la narration consiste en l'utilisation de procédures narratives afin de mieux promouvoir les valeurs, les connaissances et les idées. C'est un outil pédagogique efficace et polyvalent qui facilite la communication d'expériences et la réflexion pour la construction de sens interprétatifs de la réalité.

Il est important d'utiliser cette méthodologie dès la petite enfance en utilisant, clairement, du matériel narratif approprié au degré d'alphabétisation, de compétences, d'expériences et de connaissances des enfants/jeunes.

Utiliser la narration comme «une activité éducative sérieuse», c'est pouvoir proposer aux étudiants des parcours d'enseignement-apprentissage interconnectés où l'expérience est liée à l'observation pour ensuite faire émerger de nouveaux éclairages.

La narration dans le cadre éducatif

La narration peut faciliter la construction de relations significatives entre éducateur/enseignant et enfant/adolescent et entre les enfants/adolescents eux-mêmes dans une atmosphère de classe positive, où les émotions sont valorisées dans le processus d'enseignement-apprentissage.

De cette façon, la narration peut avoir une forte valeur éducative en tant qu'outil de recherche qui nous aide à comprendre les phénomènes et les processus ; elle peut aussi faire partie d'une stratégie didactique pour produire des actions et des changements intentionnels.

Un aspect vraiment intéressant est qu'il sert à encourager une participation critique et active à la communication, permettant aux étudiants de réfléchir, de penser, dans une atmosphère stimulante qui leur permet d'expérimenter leur propre façon d'agir par rapport aux contenus à apprendre[6].

Il est clair que les enseignants/professeurs ne sont pas tous les mêmes et pour des raisons différentes ils restent plus

---

[6] Franta, H., Colasanti, A. R. (1991). L'arte dell'incoraggiamento: insegnamento e personalità degli allievi. Roma: Carocci.

gravés dans nos mémoires, notamment, ceux qui ont compris que le plaisir ne s'oppose pas à l'enseignement et que les émotions font partie du développement socio-cognitif de l'individuel (Voir Dolci M et Eleta PG).

Par exemple, les petits enfants, en écoutant des histoires, découvrent le laid, le mauvais, le mal. Ils peuvent traiter plus facilement des émotions telles que la peur, la colère et l'angoisse. De plus, par exemple, la combinaison narration-marionnette peut ajouter de la qualité aux activités narratives, enrichissant par conséquent l'intrigue de l'histoire grâce à la capacité d'intégrer d'autres formes expressives dont la marionnette est douée (Dolci e Eleta, 2017).

Dans ce sens, je me souviens (Paula Eleta) d'une expérience vécue il y a plusieurs années dans un cours de formation à Bologne, sur l'utilisation de la marionnette et du conte dans les services éducatifs 0-6. Les institutrices d'une école maternelle avaient exprimé une certaine inquiétude et résignation du fait que les « petits » enfants pendant la « sieste » avaient du mal à s'endormir à cause des bruits venant de l'étage car il y avait un bureau. J'ai utilisé cette situation pour mettre en pratique quelques prémisses théoriques et méthodologiques partagées avec les élèves, j'ai donc inventé l'histoire de Lola, une danseuse de salsa cubaine qui, à l'heure de la sieste, s'est mise à danser pour donner beaucoup de sons aux enfants, amusant pour les aider à dormir. J'ai aussi construit une marionnette à partir d'une vieille chaussure.

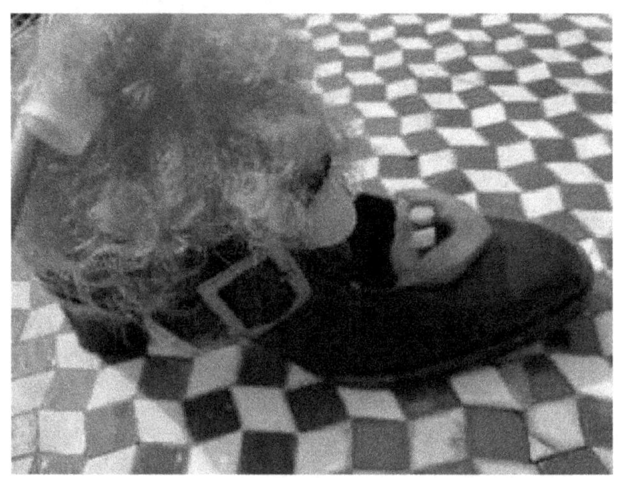

Les enseignants ont raconté cette histoire aux enfants, en animant Lola. Les petits ont trouvé l'histoire très drôle et rassurante et à chaque fois qu'ils entendaient des bruits ils savaient que c'était Lola avec ses pas de salsa !

Grâce à l'animation du personnage Lola, les enseignants ont gagné l'intérêt et l'attention des enfants et, grâce à une écoute active, ils ont pu mieux les soutenir, augmentant leur confiance et leur sérénité au moment de la sieste. De plus, la narration s'est avérée être un excellent moyen de leur donner plus de sécurité et d'autonomie.

Fondamentalement, le conte d'histoires ne peut devenir un outil intéressant dans le domaine éducatif que si l'éducateur/enseignant est capable d'éveiller la curiosité et le plaisir de vivre une expérience différente chez les enfants et les jeunes. Il est donc essentiel de créer un climat de confiance où les élèves peuvent se sentir libres d'exprimer leurs idées et de raconter leurs expériences, créant ainsi un espace et un temps marqués par la suspension du jugement envers les autres et envers eux-mêmes. Si les élèves se sentent acceptés, valorisés, ils deviendront une partie active de la relation car ils seront motivés à participer à l'interaction au sein du groupe. Comme l'exemple déjà vu du projet réalisé à Taiwan[7] avec les collégiens.

Le rôle de l'enseignant est très important pour s'assurer que l'enfant devient compétent dans l'utilisation des compétences narratives, donc si nous voulons introduire la narration en classe, il est nécessaire de prévoir la mise en

---

[7] Min-Kun Tsai, Shian-Shyong Tseng et Jui-Feng Weng (2011). «*Une étude pilote sur la narration interactive pour l'éducation à la prévention de l'intimidation* » dans *Edutainment Technologies. Jeux éducatifs et applications de réalité virtuelle / réalité augmentée, 6e conférence internationale sur l'apprentissage en ligne et les jeux"*, Edutainment 2011, Taipei, Taiwan, 7-9 septembre 2011, Actes. Editeurs : Chang, M., Hwang, W.-Y., Chen, M.-P., Mueller, W.

œuvre d'activités axées sur la garantie du développement de nouvelles compétences créatives, narratives et participatives par les élèves (enfants/adolescents).

Enfin, il est essentiel d'éviter le risque d'utiliser la narration sous une forme banale et/ou comme moyen de "manipulation" des élèves, en effet c'est une manière de travailler ludique et innovante qui doit être pensée, planifiée et organisée dans le temps, dans le respect des émotions de chacun et avec sérieux. Ce n'est que dans ce cas que la narration peut devenir un moyen efficace de qualifier l'expérience éducative.

Narration et soutien à la parentalité

Dans la pédagogie moderne, l'idée que le premier allié des éducateurs et des enseignants sont les parents des élèves s'incarne de plus en plus, il est donc essentiel d'impliquer activement TOUTES les familles, en tenant compte de leur composition et de leur identité en devenir en tant que parents qui grandissent avec leurs enfants/adolescents (voir Eleta, en collaboration avec Iaccarino, 2017).

Dans ce cas, la narration devrait faire partie d'une série d'actions ciblées et progressives qui prévoient la création de moments « spéciaux » adaptés pour favoriser de nouvelles connaissances, pour partager des émotions entre les familles et les éducateurs/enseignants et entre les parents eux-mêmes ; pour construire la participation et la coresponsabilité éducative.

A travers la narration et sous la direction de l'éducateur/enseignant, il est possible d'impliquer même les parents les plus réticents et peu présents puisqu'il s'agit d'une modalité relationnelle « conviviale » et ludique à laquelle vous pouvez participer de plusieurs manières : en face rangée mais aussi dans les coulisses ; en utilisant le mot, en chantant, en dessinant ou simplement en écoutant l'histoire.

Cependant, pour construire une véritable alliance avec les familles, il faut d'abord reconnaître et accepter l'autre. Si mon sens rejoint celui de chacun et de tous et qu'il existe une forme de tolérance, de respect et de comparaison, la narration devient un outil intéressant pour construire des alliances éducatives. En effet, comme on l'a souligné plus haut, le storytelling est un outil, une modalité relationnelle qui doit être planifiée et utilisée de manière responsable.

Pour conclure cette partie réservée au conte en éducation, nous voudrions donner un exemple d'activité narrative visant à accroître l'implication et la collaboration avec les familles, pour qualifier les activités éducatives : « L'HISTOIRE EXTRAORDINAIRE DE MON NOM ».

C'est une activité que Paula Eleta a menée (à la fois en présence et à distance) dans différents contextes territoriaux et scolaires, impliquant des centaines de parents, éducateurs et enseignants.

Dans cette activité, la demande aux parents est très simple : il est proposé de leur dire en quelques minutes la raison du choix du prénom de leur enfant. La narration de tous les parents devient alors une mosaïque d'histoires, un espace partagé, un « NOUS » à forte valeur émotionnelle.

« Bonjour, je suis Chiara et notre bébé s'appelle Mario. Nous avons décidé de lui donner ce nom en mémoire du grand-père paternel. C'était un nom que nous aimions beaucoup et qui nous permet aussi de mieux nous en souvenir et de l'entendre entre nous..."

"Je m'appelle Valeria et mon bébé s'appelle Luca ce qui signifie lumière... et il est notre lumière !"

"Je suis Pedro et nous avons choisi le prénom Maria pour notre fille car il est court et se prononce et s'écrit de la même manière en italien et en espagnol (ma langue maternelle)."

"Je suis Massimo et notre fille s'appelle Francesca parce que nous aimons Lucio Battisti et aussi parce qu'un de nos chers amis s'appelle ainsi..."

Cette mosaïque peut se transformer à la fois en une vidéo avec toutes les narrations dans son ensemble, et en une toile d'araignée géante où chaque famille/parent fixe une partie du fil sur le nom de son enfant, qui devient alors un réseau avec de nombreuses connexions et intersections (voir images ci-dessous).

La demande est simple mais le sens de la narration n'est pas banal car le nom représente le premier cadeau que nos parents nous font et qui nous accompagnera tout au long de notre vie et, de plus, il représente le premier signe de notre identité spécifique.

La vidéo « mosaïque » et/ou la toile d'araignée peuvent devenir des ressources importantes pour qualifier l'activité pédagogique. Par exemple, le matériel développé avec les familles peut être partagé avec les enfants pour donner de la valeur à leurs noms, considérant leur histoire et leur unicité comme quelque chose dont ils peuvent être pleinement fiers. D'un autre côté, si on partage le matériel avec les enfants,on renforce davantage la participation et les contributions de leurs parents.

En ce sens, « L'HISTOIRE EXTRAORDINAIRE DE MON NOM » s'est avérée être une expérience très positive, confirmant que l'activation et la valorisation d'un capital d'histoires peuvent créer des ponts entre les matières et enrichir les activités pédagogiques avec les enfants.

La narration dans le domaine de la formation

La méthodologie de la narration est utilisée depuis quelques années maintenant, à la fois dans l'éducation des adultes et dans l'enseignement supérieur.

Dans ce domaine aussi, l'apprentissage est facilité par

la narration car, comme nous l'avons déjà indiqué, à travers la narration les processus d'apprentissage sont enrichis de sens et avec l'aide d'un enseignant/animateur, il est possible de développer des contextes collaboratifs efficaces.

La narration est un langage familier à tous, elle se fait à l'oral, à l'écrit, à travers des images, sur les réseaux sociaux, sur le web, en direct, en différé. La narration facilite le dialogue, la réflexion individuelle et de groupe et peut être utilisée pour sensibiliser, motiver, renforcer l'identité et aussi comme moyen d'autonomisation, ou pour faciliter la compréhension de contenus complexes.

Petruzzi (2015)[8] propose un exemple clair d'utilisation de la narration pour motiver et impliquer les élèves ; surtout si le sujet traité concerne un thème qui, en lui-même, ne suscite pas de « passions » chez les participants.

Dans ce cas, il s'agit d'un cours réglementaire sur l'arrêté qui contient les dispositions pour maîtriser le danger d'accidents majeurs liés aux substances dangereuses. Petruzzi pour motiver les étudiants, commence le voyage avec la chronique "de l'accident du journal d'un travailleur

---

[8] Petruzzi, V. (2015). Il potere della gamification. Usare il gioco per creare cambiamenti nei comportamenti e nelle performance individuali. Milano: Franco Angeli.

de l'ICMESA"

"SEVESO, 10.07.1976 - Chronique de l'accident du journal d'un ouvrier de l'ICMESA

Je suis né et j'ai grandi à Seveso, dans la province de Milan. Seveso n'était alors que le nom d'une petite ville de la Brianza. Un pays comme tant d'autres, avec des maisons, des prairies, des gens. Et des usines.

Parmi les usines de la région, il y avait aussi des industries chimiques, comme l'ICMESA. Je le connais bien parce que j'y ai travaillé aussi. Au moins jusqu'au 10 juillet 1976, le jour où tout a changé...

Le jour où le nuage toxique craché du réacteur A-101 a transformé à jamais Seveso d'une simple ville de la Brianza en synonyme de ce que l'on appelait alors le "gaz mystérieux" et que nous connaissons tous aujourd'hui sous le nom de dioxine."

La narration dans le domaine éducatif peut donc être une activité motivante, créative et socialisante qui renforce le sens de nos actions, contextualisant les significations que nous voulons véhiculer.

Cependant, il est essentiel de se demander : sur la base de quels éléments choisir l'histoire ?

Les variables sont multiples : finalité de l'activité,

caractéristique du « public » ou du groupe à impliquer, motivation, contenu à transmettre, amusement, longueur et complexité du texte, illustrations, supports multimédias, caractéristiques stylistiques (utilisation de comptines, répétitions, ironie, aspects humoristiques), les personnages, le temps et l'espace disponibles, etc.

Et encore : comment raconter une histoire ? Là encore, il existe d'innombrables façons de le raconter, en utilisant une formule d'ouverture qui rend les histoires intemporelles ou en fixant une organisation temporelle avec une certaine direction (début-développement-fin), en utilisant un langage "quotidien" ou plus "raffiné" et bien d'autres formes, en prenant bien évidemment soin de ne pas banaliser ce moment privilégié.

Il ne faut jamais oublier que la narration est la somme des contenus qui font de nous ce que nous sommes, orientant notre expérience de vie ou de travail, à tel point qu'elle puisse être partagée avec les autres et acceptée par les autres.

En ce sens, la proposition proposée par la chaîne YouTube "Cultureinpentola" (créée et gérée par Paula Eleta, co-auteur de ce livre) est intéressante, où des gens du monde entier peuvent raconter leurs histoires à travers une recette, dans le but de favoriser une plus grande connaissance entre des personnes ayant des histoires différentes et des sentiments communs : « Moi aussi j'ai une recette du cœur et pour la connaître je dois vous emmener dans ma ville, Bologne... Je vais vous parler d'une recette à laquelle je suis très, très attaché, une recette de mon enfance. Je vous emmènerai sous les arcades les plus célèbres de Bologne, celles de l'église Santa Maria dei Servi. Pendant la période de Noël, c'est ici que se déroule le marché traditionnel, celui de la Fiera di Santa Lucia... Je vais dépoussiérer l'ancienne recette du castagnaccio..."

("Il Castagnaccio di Stefano"[9]).

Un autre exemple est l'histoire de Martha qui, avec la recette "Ahuyama feuilleté"[10],nous raconte son enfance et sa Colombie et, en particulier, un souvenir cher d'elle quand, enfant, elle accompagnait son père et d'autres Bachians dans un voyage à cheval. A cette occasion, le plat principal était la citrouille farcie de viande et de fromage affiné. Dans ce cas,

---

[9] "Le Castagnaccio de Stefano". Dans Cultureinpentola, YouTube: https://youtu.be/-dYMyAkjbcQ
[10] "Ahuyama" feullité par Martha Raquel, YouTube: https://youtu.be/x1q0XDlDgQM

le potiron de par ses caractéristiques, sert de casserole (comme récipient où l'on cuit viandes, légumes et fromages) puis en le coupant en morceaux il devient aussi un plat et peut aussi être mangé sans couverts : idéal pour les Bachians en voyage !

La chaîne Cultureinpentola est un espace où l'on se raconte et où l'on peut écouter les histoires d'autres personnes de cultures proches et lointaines : « À travers les recettes exquises de nos hôtes, nous pourrons redécouvrir des racines et des expériences souvent oubliées. (https://www.youtube.com/watch?v=y30WyFsugFk)

En bref, la narration peut devenir une méthodologie intéressante et efficace à la fois dans l'éducation des adultes et dans l'enseignement supérieur, en tant que moyen innovant d'apprendre à connaître et de collaborer avec les autres.

De plus, de par ses caractéristiques, la narration peut être réalisée en présentiel et à distance, cependant, puisqu'il s'agit d'un mode de travail expérimental, il est très important de documenter les parcours et les expériences puis de systématiser les bonnes pratiques.

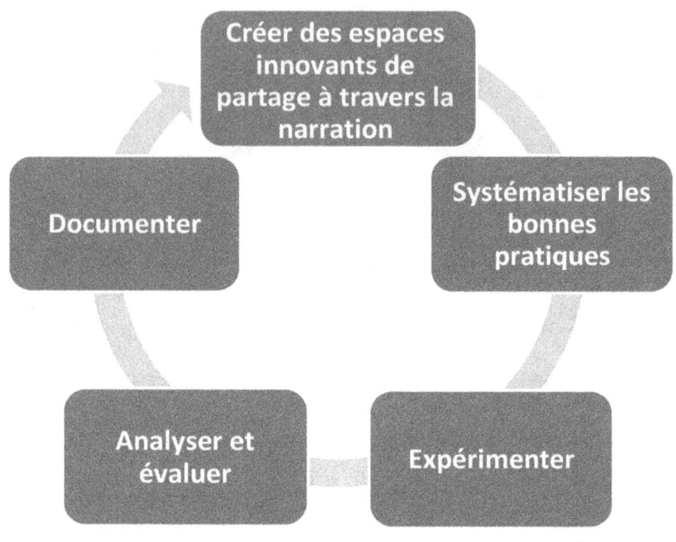

LA NARRATION DANS LE DOMAINE THÉRAPEUTIQUE

Du domaine de la thérapie, il convient de noter que le langage joue un rôle fondamental et, par conséquent, le récit d'événements vécus. Cependant, au moment de la thérapie, il existe certaines limitations avec les mineurs qui n'ont pas encore développé un langage ostentatoire, donc dans ce cas, les interventions sont plus orientées vers les aspects comportementaux, principalement par le jeu.

Une fois le langage développé et avec lui le récit, c'est précisément l'objet de l'intervention psychologique.

À cet égard, il est important de souligner que les approches de la psychiatrie et de la psychologie clinique sont différentes pour intervenir sur les manières de raconter sa vie, autant d'aspects fondamentaux de la santé mentale.

Bien qu'historiquement on puisse se souvenir de la psychanalyse comme de la thérapie la plus répandue sur laquelle repose l'intervention par la parole, elle n'a pas été la seule ni la plus courante. Ici, il convient de mentionner que la méthode socratique s'est développée beaucoup plus tôt, à l'époque grecque classique, sur la base de l'interrogation de pensées "simples" et parfois erronées. Dans cette méthode, l'enseignant développait la pensée de son apprenti à travers des questions réflexives, dont la résolution générait des progrès dans la réflexion de l'élève.

Qu'est-ce qui est important dans la vie ? Ou pensez-vous que l'argent peut tout acheter ? sont quelques exemples de questions que l'enseignant pourrait poser. Ce n'était donc pas le sage qui donnait sa meilleure réponse, mais l'apprenti qui y réfléchissait et se faisait ses propres idées. Cette méthode a également utilisé la narration pour fournir des exemples à méditer.

Cette procédure a été utilisée dans diverses thérapies comme un moyen d'aborder le dialogue intérieur et de le faire "maturer", provoquant les changements appropriés grâce à l'orientation des questions posées par le thérapeute et à de nombreuses occasions, tout cela à travers des contes de fées ou des histoires réfléchir à.

Grâce à la narration, nous pouvons faciliter le développement de la moralité, ainsi que créer de nouvelles opportunités d'observation et d'écoute pour évaluer le niveau de développement atteint par le mineur face à des situations hypothétiques à travers la narration, dans lesquelles une opinion doit être exprimée.

On connaît les différentes histoires conçues pour créer des situations sur lesquelles réfléchir, par exemple, une histoire dans laquelle l'individu imagine qu'il a le pouvoir de sauver la vie d'une seule personne et doit choisir entre deux, par exemple un scientifique ou un musicien. En variant les caractéristiques des survivants, les valeurs de la personne peuvent être connues.

De même, l'orthophonie de Viktor Frankl (Frankl, 2014) montre l'importance du dialogue intérieur et des « histoires » que nous nous racontons et comment cela affecte nos relations sociales et notre santé mentale.

C'est précisément dans ces histoires « intimes » que se fonde la thérapie cognitivo-comportementale, et en particulier la technique de restructuration cognitive, dans laquelle on essaie de modifier le discours intérieur pour le rendre plus supportable pour la personne. Prenons l'exemple d'un cas extrême, un patient souffrant de TSPT, comme celui dont souffrent les militaires lorsqu'ils sont dans des zones de guerre ou les femmes qui sont violées.

L'événement marquera le discours de la personne, dans un avant et un après, et c'est dans ce récit que la thérapie intervient pour le transformer en un récit plus « tolérable ».

S'il est vrai que l'événement vécu ne doit pas être oublié, il doit être vu comme une autre circonstance de la vie, qui doit rester dans le passé, affectant le moins possible la réalité présente ou future.

C'est pourquoi on travaille sur le récit intérieur, en créant les bonnes circonstances pour s'assurer que la personne est capable de relater ce qui a été vécu de différents points de vue, dans le but de réduire l'émotivité associée à la narration de cet événement.

Bien que le dialogue intérieur ait été lié à la thérapie

individuelle, il est important de souligner que le même travail peut être fait lorsqu'il s'agit de thérapie de couple ou familiale, dans laquelle chacun des membres a son propre point de vue sur les événements vécus et son propre discours sur eux-mêmes. C'est le travail du thérapeute de favoriser la confrontation pour s'assurer que ces récits se rapprochent le plus possible et que leur émotivité soit réduite, afin de faciliter la coexistence pacifique entre les membres. Par exemple, dans le cas de l'anorexie, il est très important de mettre en évidence la distorsion cognitive dans laquelle le patient a un récit sur sa vie et sur lui-même qui ne correspond généralement pas à la réalité. De même, la personne déprimée doit apprendre à avoir un discours interne positif, à surmonter une humeur dégradée et dans de nombreux cas négative.

LA NARRATION DANS LE DOMAINE ENTREPRENEURIAL (MARKETING ET COMMUNICATION)

Un autre domaine dans lequel le STORYTELLING a été développé est celui du marketing et de la communication, qui a utilisé les connaissances sur la façon dont notre cerveau traite et se souvient avec des histoires pour rendre la communication commerciale plus efficace et plus efficace.

Chaque discours, chaque publicité, chaque stratégie marketing vise à raconter une histoire, qui se répète encore et encore jusqu'à ce qu'elle reste dans la mémoire des clients potentiels. Peu importe que l'histoire soit réelle ou fictive, la seule chose qui compte est qu'elle se connecte au public.

Ces histoires ont toujours un certain nombre d'éléments qui les rendent réussies dans leur rôle d'influencer le public. L'objectif principal est qu'ils doivent exciter, c'est-à-dire qu'ils doivent transmettre l'émotion identifiée afin de pouvoir ensuite l'associer à cette marque ou à ce produit que vous souhaitez vendre.

Ainsi, et dans la sphère politique, le slogan, cette phrase qui résume l'idée principale de la campagne électorale, sera utilisé des centaines ou des milliers de fois, de sorte que le parti politique ou le candidat reste associé à cette phrase et à sa signification, mais surtout à l'émotion que cela provoque.

L'importance d'une bonne histoire est telle qu'il y a des professionnels qui se consacrent exclusivement à créer des histoires pour que d'autres puissent les vendre, comme dans le cas des écrivains de films, mais aussi des rédacteurs de discours pour les politiciens. Ces professionnels sont des artistes du discours et savent dire les mots justes pour exciter et amener le public là où ils « veulent ».

Actuellement, l'une des caractéristiques les plus appréciées dans les grandes entreprises par leurs employés éminents, tels que le PDG, est la capacité de communiquer. Il ne suffit plus d'être administrateur ou cadre, il faut être un grand communicateur.

On se souvient des conférences TED qui ont commencé avec les grands scientifiques présentant leurs découvertes. Aujourd'hui, toute personne ayant une "bonne histoire" peut participer à TED, même si elle n'a pas reçu d'éducation ou découvert un remède contre une maladie.

Chaque jour, nous sommes exposés à des milliers de publicités, à la télévision, sur Internet, à la radio ou dans des journaux écrits, où chaque publicité essaie de raconter une histoire et de rivaliser avec le reste des histoires à mettre en évidence.

Et, sans s'en rendre compte, ces histoires changent notre perception de la vie, la façon dont nous nous voyons nous-mêmes et les autres. Ainsi, les gouvernements investissent des millions par an dans la publicité liée à la santé, aux bonnes habitudes ou au paiement des impôts, par exemple.

Bref, c'est un sujet vaste et passionnant que nous ne détaillerons pas ici. Cependant, nous pouvons réitérer que la narration n'est pas à sens unique, la narration peut également agir en encourageant une participation critique et active à la communication. Des sentiments tels que la joie, la tristesse, la culpabilité, la colère guident notre comportement et peuvent être analysés et "gérés" également grâce à des histoires individuelles et/ou collectives.

Ces récits peuvent décrire des événements réels ou fictifs et prendre vie à partir des émotions, des connaissances, des fantasmes, des capacités et également d'autres aspects de l'histoire et de la personnalité d'une personne. En fait, le Storytelling est un terrain d'entraînement à l'intelligence émotionnelle !

RÉFÉRENCES BIBLIOGRAPHIQUES

Antonini, S. (2020). "Il Castagnaccio di Stefano". In Cultureinpentola, YouTube https://youtu.be/-dYMyAkjbcQ

Bettelheim, B. (2003). Il mondo incantato. Uso, importanza e significati psicoanalitici delle fiabe. Milano: Feltrinelli.

Bruner, J. (1988). La mente a più dimensioni. Roma: Laterza.

Bondioli, A. (2000). Gioco e educazione. Milano: Franco Angeli.

Cambi, F. (1999). Itinerari nella fiaba, Autori, testi, figure. Pisa: Ets.

Catarsi E. (a cura di). (2001). Lettura e narrazione all'asilo nido. Bergamo: Junior. Canale su Youtube "Cultureinpoentola" https://www.youtube.com/watch?v=y30WyFsugFk

Del Favero. E. (1999). Come per incanto. Milano: Gribaudo.

Dolci M, e Eleta P.G. (2017). Il burattino poliglotta. Un approccio innovativo per l'apprendimento delle lingue seconde e straniere. Ed. Amazon - Kindle Edition e in versione cartacea: Milano.

Eleta, P. in collaborazione con Iaccarino, S. (2017). Appuntamento scuola-famiglie all'incrocio fra le culture. Guida operativa per progetti interculturali con il coinvolgimento delle famiglie nei servizi educativi (0-6 anni). Ed. Amazon - Kindle Edition e in versione cartacea: Milano

Eleta P.G. (2013). "Scuola – famiglia: una alleanza imprescindibile in un mondo al plurale". Rivista Educazione interculturale di gennaio 2013. Trento : Edizioni Erickson.

Fabbroni, F. e Faeti, A. (1983). Il lettore ostinato. Firenze : La Nuova Italia.

Frankl, V. E. (2014). The will to meaning: Foundations and applications of logotherapy. Penguin.

Franta, H., Colasanti, A. R. (1991). L'arte dell'incoraggiamento: insegnamento e personalità degli allievi. Roma : Carocci.

Herrera, M.R. "Ahuyama" farcita di Martha Raquel, In Cultureinpentola, YouTube : https://youtu.be/x1q0XDlDgQM

Levorato, M.C. (2000). Le emozioni della lettura. Bologna: Il Mulino.

Merletti, V.R. (1998). Raccontar storie. Milano:

Mondadori

Mingoia, E. (1997). Nel mondo delle fiabe. Roma: Nuova Era.

Paganini, S. (2003). Ti fiabo e ti racconto, strumenti per giocare con le storie. Firenze: la Meridiana.

Petruzzi, V. (2015). Il potere della gamification. Usare il gioco per creare cambiamenti nei comportamenti e nelle performance individuali. Milano: Franco Angeli.

Rodari, G. (2001). Grammatica della fantasia. Torino: Einaudi.

Smorti, A. (1994). Il pensiero narrativo. Costruzione di storie e sviluppo della persona. Firenze: Giunti.

Zipes, J. (2004). Spezzare l'incantesimo. Milano: Mondatori.

www.ingramcontent.com/pod-product-compliance
Lightning Source LLC
LaVergne TN
LVHW010647200726
843507LV00011B/1778